塩田剛三の世界

塩田剛三の世界

塩田剛三
塩田泰久
共著

海鳴社

はじめに

日本には各種の武道があり、それぞれ特徴をそなえておりますが、合気道はその中でも、日本古来の純粋武道で、中国その他外国より移入された武道ではありません。現在では合気道といえば、ほとんどの方はその名をご存知ですが、一般に普及し始めたのは戦後であるため、新しい武道のように理解しておられる方も多いように思います。しかし、合気道の源は古く、源義家の弟新羅三郎義光がその基盤を開いたと伝えられています。義光は、クモが細い糸で大きな虫を巧みに捕えるさまからヒントを得、また戦死体や罪人の死体を解剖して、人体の構造を研究したとも言われています。義光の館が「大東の館」と呼ばれたことから、「大東流合気柔術」と名づけられていました。歴史的なことはここでは概略にとどめますが、この技が後に甲斐の武田家に伝わり、秘伝の武芸として門外不出のまま代を経て、天正二年（一五七四年）に武田国次が会津にくだってから、その子孫が代々継承し、「会津御止め技」となっていたようです。

明治になってから、武田家の末孫武田惣角*先生が、この秘伝を世に公開するようになりましたが、それもごく一部にとどまっていました。惣角先生の門人の一人に私の恩師・植芝盛平**先生がおられたのです。

* 武田惣角　万延元年、会津（福島県）に生まれる。武田家伝来の大東流柔術と、会津藩伝来の御式内（おしきうち）を受け継ぎ、また会津藩家老の西郷頼母から陰陽道を学んで、大東流合気術として再興した。
**植芝盛平　合気道開祖。明治一六年、和歌山県田辺市に生まれる。若い頃に天神真楊流柔術、柳生心眼流柔術等を学ぶ。北海道開拓に従事していた時に武田惣角と出会い、大東流合気柔術の門下に入る。後に大本教の熱心な信者となり、その宗教観を武道に取り入れ、合気道を創始する。昭和四四年没。享年八六歳。近代における不世出の達人として高く評価される。

植芝盛平先生は、卓越した天分のもとに、大東流合気柔術を習得せられ、さらに古来の各流各派の武道の精髄を取り入れ、それに独自の工夫を加えて、現在の合気道を確立されたのです。名実共に不世出の大名人です。

私は植芝盛平先生の道場に弟子入りした中学五年の時から八年余り、ひたすら行住坐臥、先生の受けをとり、先生の一挙手一投足を観察し、心の中まで入り込もうと努めました。修業は一生つづけるものだと知らされたのもその時です。植芝先生の偉大さについては後にふれることにします。

心・技・体一体となった時の素晴らしい合気道の威力、また合気道は人を攻撃するための武道でなく、素直な心で、相手と相和すことを旨とした、いわば平和な護身術であること、力の強弱、身長の大小や体重の軽重、男女年齢にかかわりなく技と心を修業できることを、身をもって学んだ私としては、この合気道を一人でも多くの方に理解して頂き、さらに進んで、また少しでも体験される機会を持って頂ければ、正しい合気道を通じ、国籍をこえて世界の平和に多少でも寄与できるのではないかと信じております。

塩田剛三

本書について

本書の「はじめに」と「第一章」は『合気道人生』(塩田剛三著、一九八五、竹内書店新社)より、「第二~五章」は『合気道修業』(塩田剛三著、一九九一、竹内書店新社)より、「あとがき」は『呼吸力で人生に勝つ』(塩田泰久著、一九九六、講談社)より、塩田泰久が編集したものです。

好評だった『合気道人生』は真の合気道とは何か、さらに剛三の歩んできた波瀾の人生を正直に書き、稚気愛すべき一面も分かる興味深い内容であり、『合気道修業』は、合気道の修行を通して剛三の人生の生きざまがよくわかるものです。また、『呼吸力で人生に勝つ』は合気道を通して父は息子にどんなことを教え、息子はその教えをどう受け止め、人生の教訓にしていったか、など父と子のエピソードがたくさん紹介されています。

これら三冊はそれぞれ版を重ね好評でしたが、版元などの諸事情により絶版となり、たいへん残念でした。しかし、合気道愛好者から復刊の要求も多く、また「合気道の達人」と言われた塩田剛三の精神と養神館合気道の素晴らしさを後世にまで残したいとの私の信念もあって、このたび『塩田剛三の世界』として新たに一冊にまとめることに致しました。このことは、私の何よりの喜びであり、末長くご愛読いただければ幸いです。

塩田泰久

右・塩田剛三（養神館合気道創設者）
左・塩田泰久（養神館合気道館長）

昭和62年5月14日、
浩宮徳仁殿下御来館

（上）昭和60年9月9日、剛三の古希祝賀会の時。左から、次男・高久、妹・清子、三男・泰久、妻・信子、泰久の妻・康子、長男・鐵太郎、元日本丸船長・森勝衛氏（係累は、剛三から見たもの。以下同じ）

（下）剛三は泰久の三男・将大（まさひろ）とは相性がよく、可愛がっていた。

（上）父の武道道場養神館開館式：大正 14 年。剣道衣姿が剛三。二列目右から三人目が祖父・加藤咄堂（養神館の命名者、東洋大創設者）、その左が父・塩田清一（小児科医）、その左の左が畑栄太郎（後、大将・台湾軍司令官）、三列目右から三人目から古荘幹郎（後大将、台湾軍司令官）、畑俊六（後元帥、陸軍大臣）、小磯国昭（後総理大臣）、一列目右から二人目が兄・浩政

（左）左から、剛三、妹・清子、兄・浩政。剛三の小学生時代

（上）昭和40年9月18日、常陸宮殿下御来館

（左）新宿区筑土八幡に建立した養神館の玄関にて

（下）自宅にてJ. B. カニングハム氏と三男・泰久

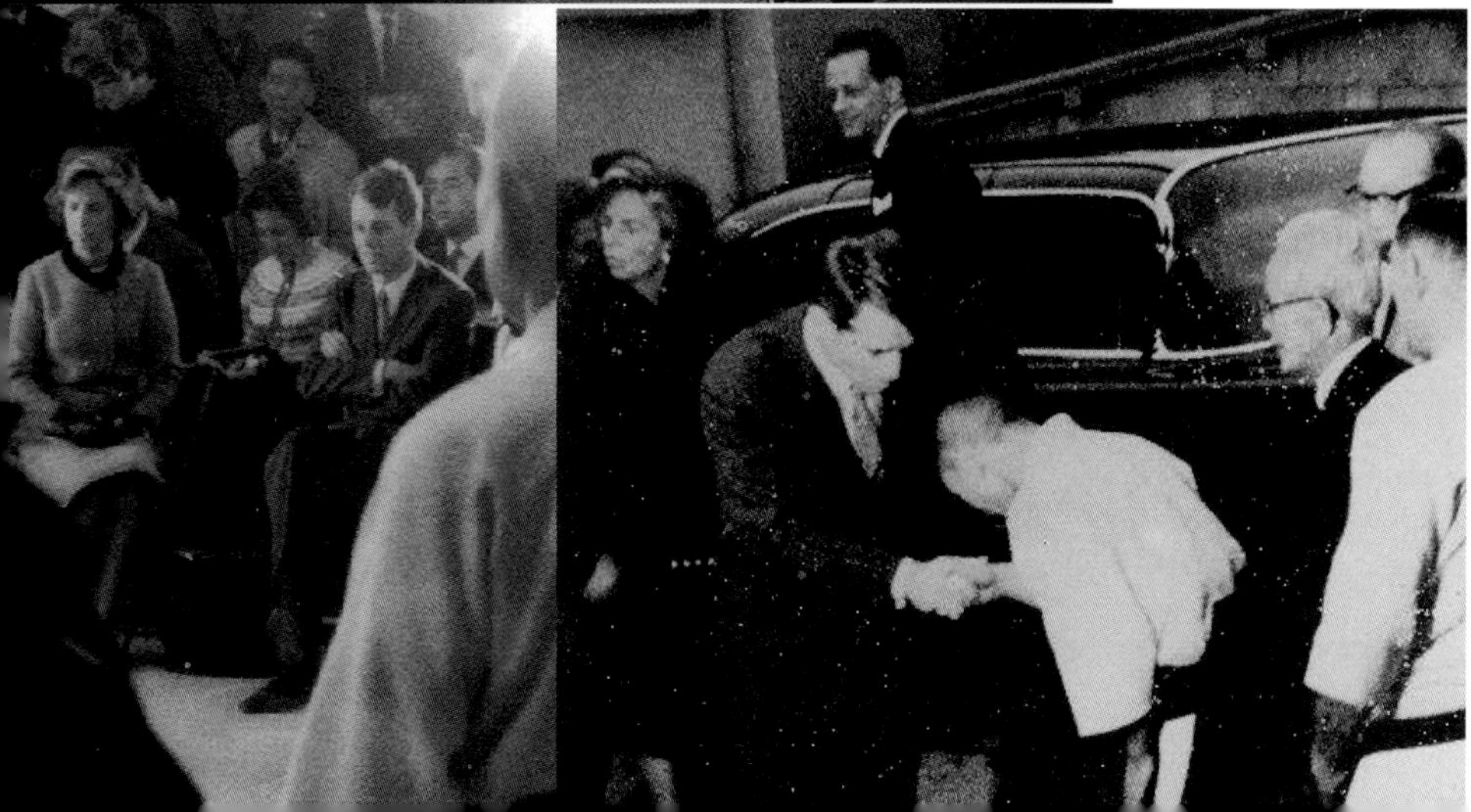

(上)昭和30年8月5日、緒方竹虎・自由党総裁邸にて

(中）昭和40年、安岡正篤氏御来館

(下）昭和37年2月10日、ロバート・ケネディ司法長官御来館

(上)昭和 40 年 9 月 29 日、イギリスのアレクサンドラ王女御来館

(下) 犬好きの剛三は、このような子犬も飼っていた。左は三男・泰久

もくじ

はじめに……5

第一章　養神館合気道……13

「養神館」の稽古の基本 14　実力の養成は試合で勝負を決するのとは無関係 15　合気道は和の武道 19　いついかなる場合でも最高の状態に 24　合気道の基本 27　合気道の技 37　修業 41　感謝の気持 44　合気道は楽しむ武道 45

第二章　理合……49

合気道への誤解 50　手を握らせてください 52　合気道は理合を学ぶ 54　新宿乱闘事件 56　多人数取りの実際 60　実戦では当身が七分 62　正拳突きは前の膝に乗る 64　戦地で人体の強さを知る 66　当身はタイミング 68　一撃必殺のタイミング 70　横面打ちを合わせる 71　力が乗る直前を制す 74　伸びきった突きをはじく 76　酔っぱらいに入身投げ 79　前に出るから体が自由に動ける 81　ナイフをかわして裏拳 82　敵

の意欲を利用する 84　M・タイソンの訪館 86　米兵
ボクサーに四方投げ 89　柔道を制した投げ技 91　四
方に投げるのが基本 93　相手の体を伸ばしきる 95
痛くなくても崩れる 98

第三章　呼吸力……………………………………101
呼吸力は衰えない 102　体の軸を保つ中心力 104　大地
に足をつける 106　先生の重心移動を研究 108　全身の
集中力を養う 109　集中力で身を守る 111　呼吸力の原
理 114　無から生まれる呼吸力 116　どっちが早いかが
問題だ 118　気とはバランスの結集 121　弱いところに
流れをつくる 122　極意は力を抜くこと 124

第四章　修業……………………………………127
理合にのっとった稽古 128　柔道選手としての活躍 129
植芝先生に投げられる 131　柔道と合気道の違い 133
松濤館で合気道を指導 136　剣道に生かす合気道 139
覚えて忘れる稽古 142　その場その場の変化を感知す
る 145　若いころの肉体の鍛練 147　鍛練の末に力が抜
ける 149　最も自然に動ける体を作る 151　師の気持ち
を察知する 153　植芝先生の神秘力 156　拳銃の一斉射
撃をかわす 158　黄金の玉が飛んでくる 161　猟の名人
との勝負 162　いつか植芝先生を投げる 164　本気で師

に挑む修業　166　九段の試験に合格　167　型稽古で理合を学ぶ　171　合気道に試合はいらない　173　真剣勝負が修業の完成　175

第五章　合気即生活……177
技の理合が和を表現　178　人は皆赤ん坊になれ　180　肉の宮に神が宿る　182　養神館に道場訓はない　184　見えない欠点を見出す　187　歩く姿が武である　189　我をなくせば気が見える　191　天地と一体になれ　193　合気道は和合の実践　195

あとがき……197
円運動で相手とぶつからない　199　何よりもまず落ち着くこと　203　表面的行動を見抜け　205　対すれば相和す　206　相手と一つになれ　208　呼吸力を養え　211　集中力をどう養うか　213　考え方次第でピンチもチャンスになる　216

塩田剛三年譜……219

第一章

養神館合気道

「養神館」の稽古の基本

私の道場「養神館」という名は、武道が好きだった私の父（塩田清一）が自宅の邸内に建てた道場につけた名で、私は父を偲ぶ意味でそのまま継承して今日に至っているわけです。この名の由来は、母方の祖父、加藤咄堂《とつどう》*が『菜根譚』の中の〝守愚不移志　黙々養其神〟から、とってつけた名です。

* 加藤咄堂　明治－昭和時代の仏教学者、布教家。東洋大学創設者。明治三年生まれ。講演と著述で仏教の大衆化に努めた。昭和二四年没。八〇歳

ときどき養神館のことを荒稽古道場だという声を耳にすることがありますが、これには誤解があるようです。合気道を稽古する方々には、合気道の道をきわめたいという方もいますし、また合気道を通じて身体の鍛練と精神の修養に資したいという方もありますし、あるいは単に健康増進のために稽古に通われる方もおられます。その中には青年男女も、お子さんも、年輩者もおられます。ただどの場合にしても、養神館では合気道の正しい基本だけは道につけて頂くよう反復練習しますから、今まで使い馴れない筋肉を使ったり、初めてとる姿勢などもあり、馴れるまではいささか苦痛を感じることもあると思います。しかし、基本を崩した合気道は合気道ではありません。楽だからといって、いい加減な稽古をしても上達はおろか、健康の増進にもなりません。合気道は基本がすべてだと言っても過言でないほど

重要ですから、初心者の方にもそのように初めから基本を一つ一つ身につけるよう指導していくことにしているのです。

合気道の達人になりたい人でも、いや合気道をきわめたい人であればなおさら、基本を完全に身につけることが肝要です。相手に対するときの構えも、技をかけるときも、技をかけた後の残心も、すべて基本に則《のっと》っていなければ、強い相手を制することはできません。合気道の基本とは何かは後に述べますが、熟練すればするほど、どんなに敏捷な動きの中でも基本が自然に身についていれば、自分でも驚くほど強い力を発揮するものです。植芝先生は「合気道は一瞬にして勝負を決するものだ」と言われましたが、たしかにそうで、一発で相手を制しなければ真の武道とは言えません。その一発で相手を制する力が発揮されるのは、基本が見事に守られたときです。

実力の養成は試合で勝負を決するのとは無関係

合気道は試合形式をとらず、常に互いに仕手となり、受け手となり、技の反復練習を行います。そのために、よく若い人の中には、試合がないから、自分が強くなったのかどうかよく分からないので物足りないという人がいます。ことにこの頃のようにスポーツが盛んで、試合により勝負を決める場面に常に接していると、なおそう思うのでしょう。スポーツは一定のルールを決めてあるため、その範囲で試合もでき、勝ち負けを判定することもできるわけです。しかし合気道はスポーツではなく武道です。当然相手を倒すか、自分がやられるかです。その時あれはルール違反だからけしからんなどと言ってはおられません。その場に即応した方法でとにかく相手を制しなければなりません。

私も若い頃、稽古や演武では自分の力はある程度分かっていましたが、ただ己を信じ、己の稽古の中から自然に力を養うことに努めていたので、実戦の場合果たしてうまくいくのだろうかと、疑問を抱いたことがありました。しかしある時、自分が修得した合気道がこんなに威力があったのかとわれながら驚き、合気道を習っておいてほんとうによかったとつくづく思い、自信がわいてきたときの実例をご紹介しましょう。

それは昭和一六年（一九四一年）七月、日本が米国に対して宣戦布告する約五カ月前で、当時私は二六歳でした。父と親しく、私も可愛がられた陸軍大将畑俊六閣下が支那派遣軍総司令官で、私をその秘書官として北京に呼んで下さった時のことです。閣下の命令で飛行機でハノイへ行く途中、上海で一休止のため飛行場に下り、ぶらぶらしていたところ、拓大時代の浦岡という後輩にばったり会い、肩を抱き合って再会を喜びました。浦岡が「フランス租界の粋なところへ今夜ご案内します」というわけで、私も胸をふくらませて夜八時頃ある店の中までついて行きました。部屋に通されてから、浦岡が客引きのような男と値段の交渉をしているうちにけんかとなってしまい、いきなりその男の顔にパンチを食らわせました。男は唇から血をたらし、何かわめきながら逃げて行きました。私は意味が分からず、ポカンとしていますと、浦岡は真剣な顔で、「先輩、もはや命は二、三分しかありません。必ず仲間を呼んで仕返しに来ますから、早く用意して下さい」と叫びました。「逃げたらどうだ」と私が言いますと、「とんでもない。途中で殺されますよ。明日の朝までは動けません」と死を覚悟しているような硬い表情で言うのです。私も二六歳で、上海のこんなところで生命を捨てるのかと、はかない気持になった反面、こんなところで犬死してたまるかと、生きるファイトが湧き上がるのを覚えました。正に絶体絶命の立場です。

浦岡は職務上ピストルを持っていましたが、私には身を守る武器はなにもありません。周囲を見回すとビールビンがあったので、よし、ドアが開いたらこのビンで一撃のもとに殴り倒してやろうと心に決め、構えていました。息をころした緊迫の時がつづきます。実際はどれくらい時が経ったのか分かりませんが、馬鹿に長く感じ、しびれを切らして浦岡に「来ないじゃないか」と言いますと、「いや必ず来ます」と彼は断言します。

夜も更け、多分午前二時を廻った頃、ヒタヒタという音が聞こえて来ました。それも複数で四、五人のようです。私はドアのところにへばりつき身構えました。その時体中が震えてきて、止めようとしても、どうしても止まりませんでした。いわゆる武者震いというのとはどこか違うようです。

私はドアを少し開けて、機先を制しようと考えました。相手がドアのノブに手をかけた瞬間、こちらからドアを中に引き、転がり入ってくるところを殴り倒す作戦でした。浦岡は薄暗くした部屋の中でピストルを構え、ドアの正面を狙っていました。

やがて足音は一時ドアの外でピタッと止まりました。ドアの隙間から外を窺うと、足音をしのばせて次第に近寄ってきます。頃を見計らって、間髪を入れずドアをパッと中に開きますと、相手は予期していなかったと見え、ツッと前のめりに一人が部屋の中へ入って来ました。そこでいきなりビールビンで頭を殴りつけました。ビンは割れ、握っている部分の割れ口がギザギザになり、まるで鮫の歯のようになっていました。すかさずそれを相手の顔めがけて突き出すと、顔の真ん中に当たり、それをさらに一ひねりしたからたまりません。鮮血がほとばしると同時にのけぞりました。逃がしてはならじと部屋の中深く引きずり込みました。この間の出来事はほんの一瞬のことでした。

まだ三人います。一人の大きな中国人がいきなり蹴り上げて来ました。それを左横に体を開き、蹴り上げてきた男の足を、後ろ向きになりざま右手で叩きました。それもごく自然に、さほど力は入れなかったのですが、男はヘタヘタと坐り込んでしまいました。後でわかったことですが、その足の膝関節と骨が折れていました。

私は簡単に二人を打ちとってやっと気が落ちつき、心にゆとりができたとき、もう一人が私の顔面目がけて鋭く突いてきました。それを内側によけ、四方投げの変形で手を逆にして、相手の肘を肩に当てて、グッと極め、投げ飛ばしました。男の腕は意外なほどもろく肘が折れて前方に飛んでいきました。これで三人を片づけたのですが、この間の時間は何分と経ってはいなかったと思います。のびている三人をベルトと紐で縛って、悠々とした気分で一服しながら見ると、最後の一人を相手に浦岡は奮闘中でした。

浦岡は柔道四段で格闘技はなかなか強く、とくに彼のけんかぶりは大したものでした。たしかに、残りの一人をきれいな跳ね腰や内股などで投げるのですが、最後の決め手がないため、投げられても投げられてもまた起き上がってかかってくるといった具合で、なかなか決着がつかず、力戦をつづけている最中でした。私は合気道の当て身というのはどの程度きくのか試してやろうと思い、「僕に一度やらせろ」と言って、浦岡に投げられて男が起き上がってくるところを、肋骨に当て身を一発喰わせました。男はウウウウとうめきながらのけぞり、泡を吹いて倒れてしまいました。

以上はたまたま私自身が、求めずして生きるか死ぬかの実戦の場に立たされる機会に遭遇したから、やむを得ず戦い、日頃の修練の結果を見ることができたのです。自らの力を試すために人にけんかを売ったり、そうした機会を自ら求めて作ったりすることは絶対に避けるのが、むしろ合気道の修行者の道です。そんなことをしなくても、合気道の理合《りあい》にかなった稽古をひたすら素直な心でつづけていれば、その人の実力は高まり、その姿、形、動きの中にバランスの美がにじみ出て来ます。私どもは一目見ればすぐ分かります。

合気道は和の武道

時には弱い者が強いものにいじめられている場合に出会ったり、正義に反する行為をしている者を見掛けたり、自分の身が危険にさらされる場面に遭遇することがないとはいえません。その時は自分の習得した合気道を用いて相手を制することも起こり得ましょうが、いかなる場合でも、相手をにくんでカッ力しないことです。そうなると合気道で大切な素直な心が失われ、枝は枯れ、思わぬ不覚をとったり、また逆に限度を超えて過剰防衛になったりして、相手を不幸にするとともに、自らにも不幸を招きます。合気道は和の武道であることを常に忘れないことです。

私は身長が一メートル五四、体重は四五キロぐらいの小柄な男なので、よくけんかを売られたり、つっかかって来られたりしました。その時はできるだけ笑って避けるようにしているのですが、どうしても払いのけなければならない時もありました。

地に落ちた酔漢

私は毎朝五時に起きて、一時間ほど愛犬と散歩するのが一日の始まりで、自転車に乗って走ることもあり、駆け足のときもありますが、ある日たまたま徒歩で近くの石神井公園の池のほとりを歩いていました。前方から一人の大きな男がこちらへ向かって来ます。朝から酒を飲んでいたのか、どうも様子が変で、近寄るにつれて、私が右によけようとすると、その前をふさぐようにし、左に寄ると、また左へと、やがてぶつかるように近づいてきて、いきなり私の胸倉をつかもうとしました。仕方がないので、ちょっと軽くその手を払って通り過ぎようとしたら、どぶんと音がして、その男が見えなくなりました。池に落ちてしまったのです。私もちょっと驚いて、「大丈夫ですか」と声をかけて池のふちに近よりますと、その男はふちに手をかけてはい上がろうとしているところでした。よく見ると池の藻が頭にかぶさっていて、まるで河童《かっぱ》のようでしたので、思わずふき出してしまいましたが、悪いと思って手をかして引き上げてやりました。けがはないようなので安心しましたが、当人は面白くないのは当然で、一言もなく立ち去っていきました。

空手の先生から試合を申し込まれる

私の体が小さいのは生まれつきでしょうがないのですが、こんなチビとでも思われるのでしょうか、迷惑千万にもときどき試合を申し込まれることもありました。

一度は知人の紹介で、空手六段の先生が道場へ来られ、ぜひ手合わせをしてくれと言われましたので、やむなく応じることにしました。道場の中央で相対しましたところ、その先生はパッと正拳突きできました。私は瞬間その拳に合わせて手のひらで受けましたら、先生は後ろにすっ飛びました。これは相手の突きと私の受けのタイミングが合ったからです。それ以来、その先生とうちとけて話し合うようになりましたが……。

進駐軍のいたずら

また終戦直後にこういうことがありました。そのころ私の家は東京郊外の所沢にあり、当時はまだ武蔵野線といっていた西武線の終電車に乗って帰る途中、酔った進駐軍の兵隊が一人乗り込んできました。この頃は進駐軍華やかな頃でかなり目にあまる行動が見られた時でした。その兵隊が車中の日本人一人一人の頭を突っついたり、鼻の先にさわったりして、面白がっているのです。しかし、誰一人それを制止することもせず、じっと下を向いて我慢しています。やがて兵隊の一人が私の前へきて、「パパサン」と言いながら、右手で私の顔をなでようとしましたので、私はその手を軽く左手で握りますと、こんどは左手で同じ動作をしようとしたので、その手も右手で握って、いわゆる両手持ち四ヵ条という技で、ぴしっと極めますと、この大きな男はぴしゃっと床にはってしまいました。この兵隊には運が悪かったのですが、当時電車の床は木造で油が塗られていましたので、顔から服までその油で真っ黒になり、あわれな姿になっていました。兵隊はよっぽど驚いたのでしょう。二人ともおとなしくなってしまいました。その時の日本人乗客全員のうれしそうな顔が今でも目に浮かびます。

日本人女性に暴行した進駐軍兵

この頃は日本人一般が虚脱状態になっており、進駐軍といえば手出しができないような状態でした。日本の警察も手を焼いていた時代です。ついでにもう一つ、進駐軍の横暴ぶりに出会ったお話をします。これは昭和二二年正月のことです。

午後まだ日が高い頃、親戚に挨拶に行った帰り、恵比寿駅近くまで来ますと、交番に人だかりがしているので、私も好奇心半分でのぞき込むと、若い奥さんと見られる女性がお巡りさんの前で泣いているのです。話の様子から、すぐ近くの路上で黒人兵に乱暴されたらしいのです。いくら進駐軍でもそんなことが許されていいはずがないので、私はお巡りさんに、「早くそいつをとっつかまえなさいよ」と言いますと、お巡りさんは困ったような顔をして、「なにしろ相手が進駐軍なのでね」と渋っているのです。

この頃は日本の警察も、進駐軍関係には下手に手出しができないような状態でした。いくら米兵であっても、そんなことが許されていいはずはありません。

それで「私がつかまえる。あなたはすぐＭＰを呼んでください」と言いますと、お巡りさんはしげしげと私を見て、「あなたが？　そりゃとても無理ですよ。やめた方がいい」と親切のつもりで止めるのです。私は構わず飛び出しますと、パンパンというピストルの音が聞こえて来ました。その音の方をみると、六人ほどの黒人兵がいて、その中の一人が、面白半分にピストルをかざして周囲を威嚇しているのです。通行の人はみな恐怖におびえ、近くの店に飛びこんだりして身をかくすのに大騒ぎでした。

私は徐々にその男に近づいて行きますと、子供とでも思ったのか、私を無視して背中を向けたので、この時とばかりかけより、その背中に頭突きを喰らわせ、振り向いたところを一撃、また一撃と、飛び上がるようにして思い切り手刀をお見舞いし、ひるんだすきにピストルをもぎとり、遠くへ投げるとともに四方投げで地べたにたたきつけました。その時遠くからサイレンを鳴らしながらＭＰがジープで駆けつけてきました。さすがにＭＰには彼らは弱く、逃げる間もなくたちまちのうちに連れ去られていきました。

交番にもどりますと、さっきのお巡りさんの態度が急に変わり、言葉づかいまで丁寧になりましたが、奥さんはとても家へは帰れないと相変わらず泣きつづけています。そこで私は奥さんをなだめ、近くのお宅まで送って行きました。そして出てこられたご主人に、「奥さんが溝に落ちて着物をよごされたので、お気の毒と思って送って来ました」と言いますと、ご主人には大変感謝され、奥へ通された上、元気を取り戻した奥さんのもてなしで、その頃はあまり口に出来なかった銀シャリ、つまり真白いご飯をご馳走になって帰りました。

私は何も自慢話として、このようなことを述べたのでは決してありません。合気道は和の武道ですから、自ら求めて実戦の機会を作ってはいけないのです。しかし、一旦緩急、やむを得ぬ場に遭遇した時も、平常の稽古で常に合気道の理合を身につけるように訓練していれば、臨機応変、自然に技が発揮できるということを申し上げたかったのです。

いついかなる場合でも最高の状態に

武道の場合、スポーツと違う点がもう一つあります。スポーツや競技なら、試合に向けて自分の体のコンディションを最高にするように努めます。しかし、武道である合気道では、いついかなる場合でも、たとえば酒に酔っている時でも、体の調子が悪いときでも、いざという時は、自分の状態を最高に置かなければなりません。調子が悪いからなどの言い訳は通りません。これについて私がほんとうに感心した植芝先生の例を申し上げましょう。

昭和一四年のことだったと思います。当時竹下勇海軍大将が植芝道場の会長であった関係で、先生は済寧館で皇族方に演武をご覧に入れてくれと頼まれました。その時先生は「合気道は一瞬にして勝負を決するもので、相手が再びかかってくることはありえない。そういうことがあれば、それは虚偽である。そんな嘘の技は皇族にはお見せすることはできない」と一度は断られたのですが、竹下氏のたっての願いに断わり切れず、済寧館に行かれることになりました。

このときお供をするのが高弟の湯川勉氏と私の二人でした。しかもこの時、先生はひどい黄だんで、十日間ぐらい水だけで、ほとんど食事はとっておられず、衰弱して着物を着るにしても、歩かれるにしても私ども両人の肩につかまらなければ動けない状態でした。こんな状態で演武がつとまるのかと、両人顔を見合わせて心配したものでした。

先生はずっと肝臓を悪くされていましたが、その原因は蒙古での一件にあったと聞いています。後述しますが、大本教＊の出口王仁三郎《おにさぶろう》＊＊について蒙古へ行ったとき、馬賊につかまってしまい、危うく命を取られるところでした。そのとき向こうの頭《かしら》が、先生がバケツ一杯の塩水を一息に飲み干したら、全員の命を助けてやると言ったのだそうです。先生は本当にその塩水を飲み干してみせ、一行は助かったのですが、それ以来、すっかり肝臓を壊してしまったのです。

＊　大本教　京都府綾部の無学文盲の女性出口ナオが、明治二五年、突如として神がかりに合い、開教した宗教。艮（うしとら）の金神によるこの世の立て直しを説く。植芝先生は大本教の本部で合気道の前身となる武道を教えていた。

＊＊　出口王仁三郎　明治四年、京都府亀岡に生まれる。独自の修業を積んで神がかり的体験を得たのち、明治三一年に大本教の出口ナオと出会い、その娘すみと結婚した。以後、大本教の中心人物として活躍し、聖師と呼ばれる。

それでもやっとのことお迎えの車に乗って済寧館に着き、車から降り、歩くときも私どもが支えて、花道からいよいよ道場に入る前に来て、皇族方のお姿が見えると、急に眼光はけいけいと輝き、今までとは打って変わって、凛然とした姿で、さっさっと道場に入り、丁重なご挨拶の後、いよいよ演武に入ることになりました。演武の時間は四〇分と定められていて、初めの二〇分は湯川氏、後の二〇分は私が受けをとることになっていました。

大力の湯川氏は先生の体の状態を考えて、多少力を加減して先生に向かったようです。しかし先生の気力は頂点に達していたのです。あっという間に、湯川氏の体はすっ飛んで、畳にうずくまって動けなくなりました。私は思わず駆け寄って、よく見ると腕が折れてしまったようです。そこで、湯川氏に代って、私が四〇分受けを務めるはめになりました。私はもう手加減するどころか、生命がけで先生に向かいました。空中に舞って、畳につくや、すぐ起き上がって先生に突進する。ピシャッと畳に押さえつけられる。体が自由になるや、またすぐ立ち向かう。また飛ばされる。とにかく激しい気迫でしたが、必死でなんとか四〇分先生のお相手を勤めあげました。しかし、その後さすがの私も高熱を発して、一週間ぐらい養生を余儀なくされました。

この時の植芝先生の演武前と演武中とのあまりの変りように、ただ驚きました。そして真の武道家は常にこのように、一旦緩急あれば、その前はどれほど体調が悪くても、直ちに自己を最高の状態に置くものだということを目の当たりにして、私自身の戒めとなりました。ここにスポーツや競技の場合と異なる武道の厳しい心構えがあるわけです。また、植芝先生は、よく私どもに「わしの一番強いときは息を引きとるときや」と言っておられましたが、たしかにお亡くなりになる少し前に、私がお見舞いに先生の枕もとに伺ったとき、先生の言に嘘がないことを目撃しました。

先生はどんなに病状が重くても、必ずご自分で便所へ行かれるのです。その時も、もうご臨終も近いと知っていたお弟子四人が、先生が起きようとなさるのを、両側からやせ細られた腕を押えて止めようとしたとき、ぱっと振り払われたその力で、屈強のお弟子四人は後ろの庭へはね飛ばされてしまいました。植芝先生は最後まで真の武人であったわけです。

合気道の基本

何事をやるにしても基本が重要ですが、合気道においてはとくに基本が大切で、基本がすべてであるといっても過言でないと、今まで繰り返し述べました。それでは合気道の基本とは何かについてふれてみたいと思います。

（1）　素直な心

稽古をするときには、すべて雑念を去り、素直な心になることです。無心になって一つ一つ稽古を反復することです。無心になるというのは意外にむずかしいことです。ですから最初は意識して雑念をしりぞけるように努力します。禅で初めに座禅を組んで無我の境地に達するようにするのと同じといえましょう。常に無心になろうと繰り返すうちに、いつか意識しないでそうなれた時が、ほんとうに素直な心になれた時です。意識している間は素直な心にまだなり切れていないのです。無意識のうちに素直な心になるには、やはりかなりの期間を要するでしょう。これこそ修業の大切な第一歩ですし、基本こそ極意であることから考えれば、これが基本の第一といえます。

(2) 動中に静を持す

禅は静中に静を求めるとすれば、合気道は動中に静を持すことです。

合気道の技には当然動きがあります。どのような動きの中でも、常に素直な心を失わず、平常心を保つことです。

合気道は元来相手の動きに自分を合わせて動き、また相手の力に逆らわず、むしろ相手の力を自分に取り入れて、時にはその相手の力を誘導するだけで、時には自分に取り入れた相手の力に、自分の力を添えて相手を制するのです。

この間、瞬時でも素直な心を失うと、相手の動き、相手の力の流れを見失い、それとぶつかり合ったり、ずれたりして、技の効果を殺してしまうことになります。この場合、自分の方が力が強ければ、その力で相手をねじ伏せられるかもしれませんが、それは合気道で制したのではなく、力で勝っただけです。

動中に静を持してこそ、相手の動き、相手の力の流れがよく見えてくるのです。

正しく技をかけているつもりでも、相手にその技が通じなくて、きかない場面をよく見かけます。この時は相手の動き、相手の力の流れにどこかでぶつかり合っているからです。相手を倒そう、相手をやっつけようという気持ちが強くなり、素直な心で相手を見る余裕を失ってしまっているのです。

私も初心者の頃、先輩に手を持たれ、投げようと技をかけても、がっちり持たれた手が動かず、困っていました。たまたま植芝先生がそれを見ていて、私にこう言いました。「塩田はん、あんたはそんな実力ではないはずや。手の方に気をとられて、力みすぎるからいかんのや。相手の目を見てれば全体がわかり、簡単に技がかかるのや」と。そう言われれば、たしかに腕にばかり気をとられ、飛ばしてやろうとすることに熱中していたのです。つまり素直な心を失って、相手の力の流れを見失っているばかりか、自分の体の重心が浮き上がり、体全体が一体となって初めて発揮できる集中力がバラバラに分散していることに気づかなかったのです。

その時先生が言われた言葉の意味は、素直な心で相手の目を見れば、相手の全体、力の流れもわかるとともに、それに対する自分の全体も映るということだったと悟りました。それからは大切な研究課題として、稽古のつど心がけるように努めました。

先生は決してこの技はこういうようにするのだという教え方をせず、とにかく稽古に励めと言われ、また「覚えて忘れろ」とよく言われました。このことは、武道は頭で覚えるものでなく、体で覚えろという意味もありますが、もっと大切なことは技の一つ一つの習熟以前の問題、心構え、つまり素直な心で相対すれば、相手もみえると同時に自分も見えてくる、その大切な基本を本能的に身につけろということだと信じます。それだから相手が短刀、剣、棒等の武器を持っていようと、相手が多数であろうと、少しも動じる必要はないのです。植芝先生が詠まれた歌があります。

取りまきし槍の林に入る時はこたては己が心とぞ知れ

(3) 対すれば相和す

これは伝説上の人物、鬼一法眼《きいちほうげん》*の言葉とされていますが、合気道は相手と気を合わせる武道です。つまり、力の揉み合いをしない、推されれば押し返さない。引っぱられたら、引っぱり返さないで相手と相和す。これも合気道の大切な基本の一つです。ここにも先に述べた素直な心がなければ相和すことが出来ないのはもちろんです。和は妥協ではなく適合なのです。相和すことによって、相手と一体となって一つの流れになり、両者の力が衝突し合わないから、無理な力を要せずして技がほどこせるのです。非力な女性でも、少年でも、高齢者でも合気道をつづけられるのはこのためです。

* 鬼一法眼　武将・源義経の師匠で文武の達人と伝えられる。

合気道はそもそも自分の方から人に攻撃をかける武道ではなく、護身術であるから、相手の出方に応じて相和すことができるのです。常に相手の力の流れが先にあるからこそ、その動きを自分の体の動きに合うように誘導して、技がかけられるわけです。

このように相手と自分が一つの流れになるから、熟練者の演武を見ていると、そのあわせるタイミングが実に見事であるため、合気道を知らない方の中には、八百長ではないかと疑う人があるほどです。しかし、ご自分が合気道を始めてしばらくすると、その見方の誤りにすぐ気づくはずです。

合気道の演武の際、仕手はもちろん受け手も、熟練者であればあるほど、また両者とも心・技・体のバランスがとれ、呼吸が合えば合うほど、芸術的な調和の美が醸し出されるものです。その美は踊りや体操の優雅な美とは異なり、秋霜の美とでも言うべきでしょうか。

私は、合気道の基本の一つであるこの、対すれば相和すを、すべての人が生活の基本にすれば、世の中の争い、相克はなくなると思うのです。和の武道である合気道を通じて、人の和、民族の和、ひいては世界平和に寄与したいという私の夢は、ここから発していることをご理解いただければ幸いです。

(4)　体の重心

今まで述べた(1)から(3)の合気道の基本は、いわば常に見失ってはならない合気道の心構え、あるいは比喩的にいえば心の重心といえるかも知れませんが、それに対し、ここで述べる体の重心は、合気道の技の効果を最大にする体勢の基本になるものです。

体の重心は足の指先から膝、腰、体が一体となり、真直ぐな一線となってつながり、あたかも大木が地上に根を張った形がとられたとき、最も安定するのです。この重心の安定は後に述べる呼吸力とともに、力の集中を強大にする重要な要素の一つです。もとより、技をかける、体を移動するなど頻繁に、しかも速やかに体を動かします。そこで大切なのは、どのように動いても、それに応じて、重心も当然移動させなければなりません。そのときどのように重心が移動しても、その重心は動きにつれて常に最も安定した形を保っていなければ、強い力は発揮できないのです。しかし、これがなかなかむずかしいのです。構えをとっているときは一応重心が安定していたとしても、次に動いた瞬間、一本の線が崩れ、重心がばらばらになったり、浮き上がったりしがちです。これには相当の研究と熟練が必要です。

たとえばよくお互いに、二ヵ条*という技をかけ合っても、熟練してくるとなかなか利かなくなるのを見かけます。それをよく見ていますと、相手の力の流れと自分の力の流れがどこかでぶつかり合ってしまっているか、重心が乱れて浮いてしまっているか、あるいはその両方の場合がほとんどです。つまり、今まで述べてきた、基本の(1)から(4)がバランスよく保たれていないからです。

* 一ヶ条から四ヶ条　合気道では基本的な関節技を一〜四ヶ条と呼んでいる。これは母体となった大東流が技名を持たず（当時）、ただ段階的に技を整理していたことに由来する。ただし、養神館では昔の植芝道場の呼び名に従って一ヶ条、二ヵ条と呼んでいるが、合気会では一教、二教というふうに改められている。

ボクシングを見ていても、手先だけで相手を打ってもパンチは利かず、いわゆる腰が入ったときのパンチが利くのは、やはりこの重心の問題といえましょう。

たとえ重心が安定していても、相手の力の流れをよくとらえて、それに自分の力を合わせないと技の効果は半減します。また相手の力の流れは、各人各様のところがありますから、それを見抜いて対処することが相手を制する道なのです。これは相当の熟練者でもなかなかむずかしいのは事実です。絶えざる日頃の研究と訓練によって、皮膚で、体で知る以外には方法がないと言えましょう。

(5) タイミング

このタイミングも基本の一つです。前に挙げた四つの基本も、技において、タイミングが合わなければ死んでしまいます。

たとえば、大石が頭上から落ちてくるとき、自分の頭に落ちる前に身をかわせば、なんの被害も受けないわけです。その理でいえば、多数の相手がかかって来ても、その間隙を見出して、体をかわしてすり抜ければ、相手に触れずして身の安全が保たれるわけです。

タイミングのとり方も、おくれれば相手に押し込まれてしまうし、早すぎれば相手はこちらの動きを察知して、それに対する手段をとってくるというように、タイミングのとり方が大切になります。打ってくる相手の力の流れに自分の力の流れを合わせるタイミング、相手が押してきたり、引っぱったりするとき、それに逆らわずに、ここぞというときに技をかけるタイミング、相手が飛びかかって来た時に、それを外すタイミング、また逆にそれを迎えるタイミング、どれをとっても、これが相手を制する上の大事な基本です。

このタイミングのとり方も一朝一夕ではできません。日頃の訓練の結果、無意識的に行われたとき、初めて強烈な効果を発揮するわけです。意識してタイミングをとろうとしている間はうまくいかないことが多いのです。

ある早朝、例によって私は自転車に乗り、犬を綱で引っぱって散歩していました。五時半頃でしたから、人も車もほとんど見られないので、相当スピードを出して走っていました。狭い四つ角で、いきなり自動車が飛び出してきたのです。その車も相当のスピードで通り抜けようとしたようです。私の自転車の左のペダルが車のどこかに触れてしまいました。はっと思った瞬間、私は犬の綱を放し、自転車を右側に蹴り飛ばし、自分は相手の車のボンネットの上に飛び乗っていたのです。これは全く無意識のうちにタイミングがあったため、命拾いをしたわけで、今でも思い出すたびに、合気道をやっていたお陰だと思い、私に合気道をすすめてくださった元六中の阿部宗孝校長と父に感謝しています。

(6) 呼吸力と集中力

人間も動物も自然に呼吸をし、外界から酸素を体内に入れ、炭酸ガスを排出して生命を維持していることは言うまでもないのですが、合気道では、この吸う息、吐く息とともに止める息を含めた三段階のリズムが力の集中に大きく関係し、また動きに伴う疲労度にも影響を及ぼす重要なポイントになっています。

息を大きく吸うか、小さく吸うか、また大きく吐くか、小さく吐くか、その間に息を瞬間止めるか、やや長く止めるか、動作によって異なってきます。

ある一つの技をかける場合を考えてみますと、技をかける前に息を吸い、技をかける時は息を止め、かけ終わって息を吐くというのが典型的パターンでしょう。息を吸いながら、あるいは息を吐きながら、技をかける、つまり、力を一点に集中しようとすれば、当然息を吸うあるいは吐く動作と力を一点に集中する動作が併行的に行われるから、集中力が弱くなってしまいます。ですから、真に力を一点に集中しようとすれば、息を止めて、それだけの動作にしぼるわけです。しかし、息を止める時間が長いほど、その間の体内の酸素の欠乏度が高まり、それだけ多く酸素を補給せよと体が要求し、すぐに肩で息をせざるをえなくなります。これが疲労に通じるわけです。息を止める時間が短ければ短いほどいいので、合気道の技は一瞬にして決める、というのも、そこにあるわけです。集中力が最高になるのも一瞬で、だらだら長く最高の集中力を維持することは不可能です。

音楽のリズムは音の強弱が周期的に繰り返されて、その律動が、聞く人にも、演奏する人にも快感を与える要素となるのですが、合気道の場合も理屈は同じで、千変万化の動きの中で、吸う息、止める息、吐く息の三つのリズムの要素が、それぞれの技によって、またその動き方、スピードによって、強弱、長短が入り混じり、複雑なリズムを構成します。しかし、技の一つ一つ、あるいは技の連続の中で呼吸の律動が無駄なく配分されたとき、つまり、自分の体がリズムに乗ったとき、最も楽に体が動き、最高の集中力が発揮され、技の効果も大きくなります。ただし集中力の効果を大にするには、先に述べた安定した体の重心も深く関係することは申すまでもありません。

この呼吸力、集中力を習得することは、口で言うほど容易ではありません。絶えざる稽古と研究の中で、自分の吸う息、吐く息、止める息の強弱、長短と、すみやかな重心の移動とがバランスがとれ、自分の体がリズムに乗るかを体得することです。その時こそ、体が軽く、楽に動き、しかも技の効果が大きく、疲労度も少ないことがわかり、合気道の素晴らしさを自覚し、一層修業の楽しさが増すことでしょう。

（7）　円運動

合気道の動きは、直線的な運動はほとんどなく、円運動です。

これは今まで述べてきたように、力の衝突、力の揉み合いは一切しない。相手の力が十分流れるように誘導しながら、それが延び切って、無力化した瞬間をとらえ、技をほどこすのが、合気道の基本ですから、相手の力を流し、しかも自分の体が相手の近くにあって、すぐ技がかけられるようにするには、自分が円運動を描いて体を捌くのが、最も無駄が少なく、効率的で、合理的であることは、すぐおわかりになると思います。

自分が円の軌跡を描いて動くわけです。コマが回る場合、コマは中央も周辺も回っています。合気道でも、自分が円運動を描くとき相手をもその運動に誘導します。時には相手を中央に、自分がその外周にあって円運動を行い、時には自分が中央にあって、相手を外周に置き、円運動を行うことがあります。この円運動は平面的ばかりでなく、上下の方向にも行うこともあり、また球面をすべるように相手を導くこともあります。

いずれにしても、相手の力を流すには円運動が最も効率的であるばかりでなく、円運動は直線的な動きと異なり、動きを止めることなく方向を自由に変えることができ、螺旋を描くこともできるのです。円運動の求心力、遠心力をも巧みに利用し、相手の体勢を崩して技をかけ、また円運動の永続性、可変性を利用して、無理なく連続技が行えるのも合気道の大きな利点です。

以上簡単ながら、挙げた七つの基本は、合気道の精髄、いわば極意に相当するものと言えましょう。

この七つの基本を完全に身につけ、これらが瞬時にして、無意識のうちに技に出れば、もう相当の達人と言ってよいでしょう。

しかし、合気道の道をきわめるには一生研究と修業を積む覚悟と実践が必要です。慢心したときは技は退歩するときです。そう言う私自身もまだ修業中です。真の合気道の指導者の数はまだ微々たるものと言えるだけに、若い方たちが、一人でも多くこの深遠にして汲めども尽きない神秘的でしかも合理的な武道に志をたて、真の合気道を連綿として世に伝え、世界に広めることを私は願ってやみません。

合気道の技

合気道の技は、一言でいえば、剣の理合を体に活かして行う体術と言ってよいでしょう。剣の理合を体に活かすのですが、今の剣道とは構えも異なりますし、剣道のように試合を行うためのルールもありませんし、事実試合形式はとりません。従って現在のいわゆる剣道とは異なるわけです。

合気道は実戦を建前にしてしていますから、極端な言い方をすれば、「技はあって、無きに等しい」とも言えるのですが、それでは稽古ができませんので、実戦のあらゆる場合を想定して、いろいろの技が組み立てられています。

技の概念

①一対多

そもそも合気道は一人で多数を相手にする場合を想定しています。

それゆえ、敏捷な動き、体勢のとり方など、それなりの心構えが必要ですが、実は相手も人数が多いと、仲間同士の衝突や、剣を持っているときは味方を斬るなどの危険があり、一人の相手だけでなく、味方同士にも気をくばり、注意が分散するものです。こちらとしては、そこに相手の隙を見るわけで、複数がかかってくる場合でも、おのずから寸秒のずれが生じがちです。ずれがあれば、寸秒の間隔をおいて、一人ずつをあいてにするのと同じ結果になるとも考えられるのです。

植芝先生の武道奥義の中に〝敵多数我をかこみて攻むるとも一人の敵と思いたたかえ〟という歌があります。

それで、稽古はまず一対一で始めるのが原則となるわけです。

②一対一

一対一の技には徒手対徒手、徒手対武器、武器対武器がありますが、結局は徒手対徒手が基礎で、他はそのバリエーションにすぎません。

③徒手対徒手

この場合、立ち技、座り技、前技、後ろ技などがあり、それぞれに投げ技、押え技、捕り技、きめ技等があります。これらの技の中に、打ち手、当て身、逆、蹴りが入ったりします。但し、合気道ではほんとうの逆はむしろ数少ないと言えましょう。

個々の技の種類は三千ほどになりましょうが、その基本になるのはたかだか百五十手ほどで、この基本技を反復練習すれば、全般に通じることができるのです。

さらにこの基本技の基礎になるのは、実は次に挙げる基本姿勢、基本動作に集約されるのです。最も大切なのはこれだと言っても過言ではありません。

④基本姿勢

いわゆる構えの姿勢です。半身に構えます。その場合右半身と左半身があり、互いに同じ半身をとったときを相半身といい、一方が右半身、相手が左半身のときを逆半身といいます。すでにこの構えの時から、「合気道の基本」に述べた〝素直な心〟と〝安定した重心〟が要求されることはもちろん、次の基本動作に移る前提でもあるので、合気道のすべてはここから発するだけに、基本姿勢――構え――は最も重要であり、正しい構えがとられるかどうかが、今後の技の上達を左右する鍵となるのです。

⑤基本動作

これには、体の変更１（引かれた場合）、体の変更２（押された場合）、臂力《ひりき》の養成１（前進運動）、臂力の養成２（重心の移動）、終末動作１（引かれた場合）、終末動作２（押された場合）の六法があります。

　このいずれも、構えに次いで重要な技の基本ですから、「合気道の基本」でのべた〝素直な心〟、〝安定した重心〟、〝動中静を持す〟、〝対すれば相和す〟、〝タイミング〟、〝呼吸力と集中力〟、〝円運動〟が、この基本動作の中に要求されるのです。従ってこれらの動作をただお座なりにやって、形だけですませている限りは、真の合気道とはほど遠く、技の上達は望めません。

「合気道の基本」と「基本姿勢」と「基本動作」が三位一体となったとき、合気道の真価が発揮されるのです。

　合気道は仕手と受けが相対した時、互いに手（短刀、剣、棒などを持っているときはそれら）が届かない距離を保ち、また相手が蹴っても届かない間合《まあい》を保ちます。このことは、むしろ合気道はすでに述べたように、一発必中で相手を制することにあるので、相手が自分に触れるか触れないうちに相手を制する技ですから、最初の構えは、その主旨から相手がどうしても届かない間合をとるのです。

　しかし、いろいろの技を稽古するのに、それでは稽古ができませんから、基本動作のときから、手や腕や胸などを持たせて技の技法を会得するように反復練習するわけです。そして、その間に合気道の基本を体得するようになるのです。

修　業

合気道の修業は道場で稽古を重ねながら、技を修得していくことが大切なのは言うまでもありませんが、無学祖元《むがくそげん》＊禅師の言葉に「行住坐臥一切の時勢これ最善の道場」というのがあります。この言葉を私は座右の銘として拳拳服膺《けんけんふくよう》し、常に忘れぬよう心掛けているつもりです。少なくとも合気道に志を立てる者は、そうあってもらいたいと思います。

＊無学祖元　一二二六―一八六。南宋（中国）の僧。一二七九年、北条時宗に招かれて来日。鎌倉建長寺にはいり、のち円覚寺の開山となる。日本における臨済宗発展の基礎をつくった。

ただ歩いているときでも、電車に揺られているときでも、食事をしているときでも、どんな場合でも、そこがすべて合気道の道場であると思い、一挙手一投足、みな稽古の一つと考えてほしいものです。

たとえば、金魚鉢が置いてあれば、ただ漠然と金魚が動いているのを眺めるだけでなく、ガラスのふちをポンとたたくと、瞬間金魚が驚いてどんな体の動きをするか、またたくさん金魚がいても、その瞬間、お互いにぶつからないで、どうよけているか、などをじっと見るのも参考になります。

また、ドアの上に棒を吊り下げておいて、ドアを開けると落ちるようにしておき、それを避ける練習も合気道の稽古の一つですし、人混みの中を人とぶつからないように、すいすい歩くことも稽古のうちだと言えましょう。

私が植芝先生の内弟子時代は、先生が風呂へ入られるとき、必ず背中を流したものです。この時、私の心掛けたことは、ただ背中を流すだけでなく、先生の心の動きを早くキャッチして、それに対処する呼吸を会得することでした。たとえば、先生が頭を洗おうとされるとき、間髪を入れず、湯の入った桶を差し出す。頭を荒い終わる頃を見計らって、頭にお湯をおかけする。その時どのようなかけ方をすれば先生は満足されるか、大げさに言えば、あうんの呼吸をはかるのです。また背中を流すときも、先生の筋肉の動きを観察する。これも私のよい修業になったことは事実です。

私は植芝先生が亡くなられて、師を失った後は、犬を師と思って修業を続けたこともありました。私は元来子供の時から動物が好きで、とくに犬が好きでずっと飼っていますが、その中でもとくに龍と名づけた四国犬を可愛がっていました。龍はきわめて激しい気性で、私以外には絶対に近寄らせないのです。私は毎朝五時に起きると、これを連れて石神井公園に行き、人のいないうちに、綱を放し、それから龍を怒らせるように仕向けるのです。気にくわなくなると、やはり動物ですから、牙をむいて私に飛びかかって来ます。私と龍との闘いが始まるわけです。その飛びかかってくるのを身をかわす。また飛びかかってくる。それを繰り返すうちに初めは私の手や腕や体や足が傷だらけになったものです。そのうち「止め！」というと、利口な犬でしたから、「旦那まいったんだな」というような顔をして、攻撃を止めます。このように毎日毎日龍との闘いをやっている間に、だんだん私も傷をおわなくなりました。こんな真似は皆さんには危険ですからおすすめできませんが。この龍が死んだときは師と死別したような悲しい思いをしました。

とにかく、合気道をなんとか極めようとする方は、常に自らの修業の場は至る所にあると考えて、あらゆる機会に稽古に結びつけることだと思います。

それとともに常に修行者であるという謙虚な心を失ってはならないことです。どんな初心者に対してもそうです。初心者が道場に入会したとします。その人はもちろん合気道については無知です。それだけに全く無垢なのです。無垢なだけに自分にない長所を持っているかも知れません。あるいはその人によって自分の欠点を悟らされるかも知れません。ですから、初めて道場に入会して来た人に対しては、指導者は弟子であると同時にわが師でもあると思う謙虚さが必要です。

昭和三八年に、月日は忘れましたが、少林寺拳法開祖の宗道臣[*]先生が、筑土八幡《つくどはちまん》の私の道場に、紋付羽織袴の正装で訪ねて来られ、私の演武を見たいと言われました。それで私も丁重にお迎えした上、弟子を相手に演武をご覧に入れましたところ、終わってから、「塩田先生のことはかねがね伺っていたので、今日是非お目にかかりたくてお訪ねしたのですが、いや聞きしにまさる大した技で感服いたしました。今後の参考にさせて頂きます」と言われ、恐縮しましたが、わざわざ正装で来られたのも礼儀を重んじられたからでしょうし、大先生にもかかわらず、少しもえらぶることなく、終始謙虚な態度で接しられるのを見て、道は異なっても名人はやはり違うと感じ入りました。

＊宗道臣　武道家。明治四四年生まれ。昭和三年中国に渡り、河南省嵩山少林寺で義和門拳二〇代の文太宗に師事。一一年、二一代を継ぐ。二二年、香川県多度津町に金剛禅の精神修養と護身を旨とする拳法の団体を創設。昭和五五年没。六九歳。

感謝の気持ち

私は若い頃はしたい放題なことをして来た男ですが、それにもかかわらず、私を温かい心で助けて下さった方々、また、現在に至るまで並々ならぬご援助を賜る方々の恩義だけは忘れないようにしています。私の今日あるのは全くこの方々のお陰だからです。その方々は数え切れぬほど多く、私は実に幸福者だとつくづく思います。

まず、私に合気道の道に入ることをすすめてくれた父と、六中の阿部宗孝校長にはとくに感謝しなければなりません。父の遺訓「正義は最後の勝利者なり」と「得意の時は最も危険な時である」は、合気道の修行者として、私は一生守り続けたいと思っています。

次は言うまでもなく、合気道の恩師植芝盛平先生で、先生の素晴らしさについては随所で述べていますので略しますが、私が今日、なんとか合気道で身を立てることが出来たのは先生あってのことで、入門した昭和七年五月から昭和一六年三月頃辞去するまでの約八年間と、戦後の一時期、先生の教えを受けたことは、今でも鮮烈に私の身に刻み込まれています。

合気道を志す者は素直な心で、謙虚に、しかも何事に対しても感謝の念を忘れずに、一生を通じて修業に励むことです。論語に言う「徳は孤ならず、必ず隣あり」、完全な人は少ないかも知れません。しかし自ら徳を身につけるように心掛ければ、必ず同じ志の人が周囲に集まります。それも和の武道、合気道の稽古の内と考えて頂ければ幸いです。

合気道は楽しむ武道

合気道に限らず武道の専門家になるには修業に大変な努力がいることは当然です。しかしそれを苦しみと感じず、楽しみに代える心のゆとりが必要です。肩に力が入れば、かえって力が出ないのと同じです。苦しいと思えば、体は柔軟性を失い、気持ちが内にこもります。逆説的に言えば、楽しいと思えば、苦しさが消えるでしょう。深刻になれば苦しくなり、明るい気持ちで取り組めば楽しくなるはずです。

もとより、合気道は専門家のためばかりにあるのではないことは申すまでもありません。合気道を健康増進のために、あるいは職場のストレス解消のために、あるいはある程度習熟して心の拠りどころにしたいと望む方も、合気道の基本の心と、基本の技を稽古を通じて身につけようとされれば、十分その目的は達成できると信じます。合気道は精神を大切にする体術ですから、精神と肉体のバランスがとれ、真の健康、真のストレス解消、健全な心の拠りどころが得られることになります。

試合などは行いませんから、勝った負けたで一喜一憂することもなく、力の揉み合いもしないのですから、年少者でも、女子でも、高齢者でも、いつからでも始められ、しかもあせらず、悠々たる気持ちで稽古を一つ一つ重ねていけばよいのです。その人なりに行えるところに合気道の楽しさがあり、楽しみの中に上達があるのです。

そして無心に稽古を積むうち、護身術としての効果も自然に身についてきます。日本は世界一治安が保たれている国ですが、それでも身の危険を感じる場合がないとは言えません。殺人とか銀行強盗とか大きな事件はニュース種になりますが、ニュースにならなくても、その人にとっては重大な身の危険に襲われる場合があります。道場の会員の中にもかなりそうした危険をすり抜けた方がいます。たとえば痴漢に襲われた女性は多いのですが、わずか数カ月の稽古をしただけで、撃退した例もありますし、撃退しただけでなく交番まで引っぱっていった例もあります。またタクシーの運転者が自動車強盗に遭って、後ろから綱で首を絞められたとき、普段なら手などでとても切れないような頑丈な綱を一瞬に切り、犯人を捕らえて警察に突き出した例もあります。また道路で自動車に触れたとたん、習い覚えた受け身でけが一つしなかった例もいくつかあります。

受け身のとり方一つにしても大きな効果を発揮するものです。東京郊外の川越と草加にある「ひまわり幼稚園」で園児に合気道を習わせることにしたら、園児のけがや事故が急に少なくなり、担当のお医者さんが驚いたということです。

また、小児マヒで足が不自由な方が、熱心に稽古を積んだ結果、初めのうちは畳にすれて足から血を出し、指導員が痛々しく思うほどだったのに、頑張った効果が出て、ほとんど普通の人と変わらぬくらい歩けるようになった例もあります。

合気道の稽古をつづけるうちに、いつの間にか身のこなしが敏速になり、技も思わぬ力を発揮するようになるものです。

さらに「武道は礼に始まり礼に終る」といいますが、養神館ではもちろん礼儀を尊び、指導中にそれを実行しますから、幼少の子供さんも、だんだん礼儀正しくなり、お父さんやお母さんも喜ぶようになります。

養神館には道場訓なるものは一つもありません。私は合気道は規則でしばるものではなく、その人の心の持ち方が一番大切だと思うからです。自ら気づくことが最も強く、永続するものです。周囲が明るく、和を保ち、楽しく稽古をしていれば、いつかとけ込んで自然に身についてくるものです。邪心をもって、合気道をけんかの具にしようとして入会した者は必ず脱落しています。残った人は、反省をした人です。これは今までの経過が証明しています。

繰り返しますが、いつも明るく、和を保ち、楽しく稽古ができる道場であること、これが養神館の存在意義なのです。

第二章　理合

合気道への誤解

「合気道は武道として強いのか」

そんな疑問を持つ人は多いようです。

「試合もないし、筋力を鍛えることもせず、型稽古だけに頼っている武道が、はたして役に立つのだろうか」

そんなふうに考えてしまうのです。また、技そのものに疑問を抱く人もいます。

「あんなに簡単に人を崩したり、投げたりできるわけがない。あれは全部、パートナーが自分から投げられてやっているのだ」

というわけです。

こういった疑問に対する解答は、本書の中でおいおい語っていきますが、それにしても、合気道がいささか偏見の目で見られやすいのは残念なことです。

確かに、合気道の技は、見ているだけではわかりにくいところがあります。

たとえば柔道だと、力強さを感じさせる技が多く、見ている人にもその迫力がよく伝わります。また、空手の場合、突き蹴りが決まったときの痛さを想像できない人はいないでしょう。

それに比べて、いかにも攻めているというような動きが少ない合気道の技は、知らない人にとって「何が何だかわからない」と映ってしまうのです。

では、どうすれば理解できるようになるのか。

それはもう、実際に体験してみるのがいちばんです。なにもインチキだと思っている人に無理矢理納得させる必要はないのですが、たとえばこれを読んでいるあなたが、なんらかの興味を合気道に感じているとすれば、とりあえずやってみることです。そうすれば、技が実際にどう効くのか、技をかけられたときにどうなるのか、すぐにわかります。

最近でもこんなことがありました。

私の道場に、あるとき人並はずれた巨体の持ち主が見学にやって来ました。一見して何か武道なり格闘技なりをやっていることが察せられる風貌です。その日は有段者相手の特別稽古でした。私が黒帯の連中をポンポン投げ飛ばすのを、疑わしそうな目で見ています。しかし、自分でも何かやっているからでしょう、しばらく見ているうちに、投げられている連中の体が、本当に崩れていることに気づいたようです。そして、来たときとはまったく正反対の顔つきで――つまり、すっかり感心しきったような顔で帰っていきました。

あとで聞いたところでは、その人はAさんといって、ある大学のレスリング部のコーチをやっているということでした。年齢は三十歳を越えていましたが、ソ連のサンボなどもやっていて、見るからに強そうな人でした。

さて、それからAさんの姿がいつも道場に現れるようになりました。探究心をみなぎらせた目で稽古を見学しては、しきりにうなづいたり、メモを取ったりしています。どうやらすっかり、合気道に魅せられてしまったようです。

Aさんが入門を希望するまでに、それほど時間はかかりませんでした。大きな体を道着に包み、基本コースで女の子やお年寄りに混り、一所懸命に基本技の稽古に取り組むAさんの姿は微笑ましくもありました。

もちろん、研修会へはますます熱心に顔を出すようになりました。とうとうビデオカメラさえ回し始めたほどです。早く上級のクラスに進み、特別稽古に参加することが目標になったようでした。

手を握らせてください

そのAさんがあるとき私のところに来て、恐縮した顔で、こう言うのです。

「私は館長先生の技に感服しています。ですが、まだ一度もその手を握ったことがありません。できれば一度だけ、握らせていただくわけにはいかないでしょうか」

手を握らせてもらえないかというのは、つまり私に技をかけてくれと言っているわけです。

合気道のとりこになったAさんの心の片隅にも、やはりほんの少しだけ、疑問が残っていたのでしょう。だから、それを確めたくて私に直訴したにちがいありません。

「よろしいですよ。あなたが気のすむようにしなさい」

私は館長室のイスから立ち上がって、Aさんに左手を差し出しました。

「失礼します」

Aさんはしきりに恐縮して、両手で私の左手首を握りました。しかし、さすがに遠慮する気持ちがあったと見えて、ふんわりと握っているだけです。

「あなた、なにも遠慮することはありません。思いっきり握りなさい」

「オス」

私にうながされて、Aさんが手に力を加えました。しかし、やっぱり遠慮がちです。私としては、相手が大きな力を出してくれればくれるほど技をかけやすいので、もっとあおることにしました。

「なんだい、この程度か。あんた、体は大きいのにあんまり力がないねえ」

こうまで言われたものですから、Aさんもやっと全力で握り締めてきました。さすがに万力のようなパワーです。

その瞬間、私はサッと手首を返しました。

一八〇センチ、一〇〇キロ以上のAさんの巨体が一回転しました。なにしろ、人並みはずれたパワーが、全部自分に返ってきたのだからたまりません。館長室の床に、もんどりうってひっくり返ってしまいました。

Ａさんは目をシロクロして、「凄い、凄い」と驚いていました。どうやらこれで、Ａさんの心にあったほんのひとかけらの疑問も、完全になくなったようです。

私も、彼のように熱心に合気道に情熱を捧げてくれる人がいてくれるかと思うと、感無量です。志を貫いてくれることを楽しみにしています。

Ａさんのように極端ではなくとも、合気道に興味と疑問を抱いている方は、迷わず入門していただくに限ります。そうすれば、合気道の素晴らしさを、身をもって理解していただけるはずなのですから。

合気道は理合を学ぶ

私は、合気道は修行の道だと思っています。

強くなるために修行するということもありますが、それよりも合気道に取り組むことそのものが人生における修行なのだと考えます。

したがって、その人に応じた稽古の方法があり、なにも必ずしも強くなることばかりが目的ではありません。

だから、強さ云々を論じることにあまり意味があるとは思えないのですが、武道としての合気道を考えたとき、ひとつだけはっきりと言うことができます。

それは、強いだの何だのというより、理にかなっている、ということです。

理にかなえば、自分の身を守ることができます。

合気道をやったからといって、腕が丸太のように太くなるわけでもないし、どんなに殴られてもビクともしないヨロイのような肉体ができるわけでもありません。

しかし、理にかなった動きと、理にかなった力の使い方ができるので、自分より肉体的に強い相手をも制すことができるのです。

おかげで私は、今日まで生き長らえてきました。第二次世界大戦という激動の時代を経て、ずいぶん困難な局面にも出くわしましたが、なんとか乗り切って今に至っています。

これも、合気道を修行した賜物です。合気道が理にかなっていたからこそ、私は身を守ることができたのです。

こういう理にかなった技の仕組のことを、古来、武道では理合《りあい》と呼びます。

理合どおりに体が動いてくれれば、実際のところ大きな力など必要ありませんし、我身はいたって安全なまま敵を制すことが可能になるのです。

つまり、理合どおりに体を動かせるようにすることが、合気道の修行だと言ってもいいでしょう。

ただし、ここで勘違いしてはいけないことがあります。それは、基本技を覚えたからといって、それで理合が身についたわけではないということです。

ましてや、必ず修行者の興味の対象となる「小手返しはこうしたら効く」とか、「二ヶ条はこうやって締めたほうが痛い」とかいうことは、それほど大切な問題ではありません。もちろん、修行者として当然身につけておくことではあるのですが、そういったレベルで合気道の技を「効く」「効かない」と論じても意味はありません。

ひとつひとつの技をどう効かすかではなく、その根本に存在する理合を身につけることが重要なのです。

それが理解できないと、いざとなったときに「相手が稽古と同じように動いてくれなかったから、技がかからなかった」などと情ないことになってしまいます。そして「合気道は役に立たない」と思いこんでしまうのです。

合気道を成り立たせているものは、個々の技ではありません。理合なのです。

動きが理合にかなっていれば、おのずと個々の技に対するこだわりは消えていきます。こだわりが消えることによって、初めて相手のどんな動きにも臨機応変に対処することができます。

ここに至ったとき、合気道の武道としての真価が初めて発揮されるのです。

では、合気道の理合が、実際に身を守る上でどんな形で現れるのか。わかりやすい例をひとつ紹介しましょう。

新宿乱闘事件

あれは、私がまだ植芝道場＊で修行していたころですから、昭和一〇年前後のことです。

＊植芝道場　合気道開祖・植芝先生が昭和六年に東京の新宿区若松町に開設した道場で、正式には皇武館道場という。その猛稽古から牛込の地獄道場と呼ばれていた。

私は、後輩のTを連れて、夜の新宿を歩いていました。

当時の新宿は、テキ屋やグレン隊のたむろする、いささか怖い街でした。そんなところに何をしに行ったかというと、あまり大声では言えないのですが、腕試しの相手を探しに行ったのです。なにしろ二二、三歳の血の気の多い盛りです。合気道が少しわかりかけてきたこともあって、自分がどれだけやれるか、実際に試してみたくてしようがなかったのです。そういう目的を待った若者にとって、新宿は格好の舞台でした。

こう書くと、いかにも私が粗暴だったように思われそうですが、植芝道場においては、当時それほど珍しい行動でもありません。合気道には試合がないので、厳しい稽古に明け暮れているわりには、自分がどれくらい強くなったのかよくわからない。そこで、植芝先生から腕試しを禁止されているにもかかわらずみんな実験と研究のために、盛り場に出て行くわけです。

亡くなった湯川勉さんという兄弟子はそういうのが大好きで、私もずいぶん影響を受けました。また、後輩にも好きなのがいて、ケンカして道場に帰って来ては、「今日はやられました」なんていって、傷を見せるのです。私が面白がって「またやって来い」とけしかけると、喜び勇んで次の日にまた夜の街へくり出す始末です。

私が新宿にお供させた後輩のTも、そんな街中での稽古（？）が好きな一人でした。私が出掛けるときにはいつもついてきて、尖兵《せんぺい》の役目をしてくれます。

そのときも、ヤクザ風の男が数人でたむろしているのをみつけたのは彼でした。

「先輩、生意気そうなやつがいますよ」

Tは目をランランと輝かせて私に耳打ちします。

「自分がぶつかりますから、インネンつけてきたらやっちゃいましょう」

じつは私もワクワクしていたものですから、

「よし、行って来い」

そう言って、Tの背中を叩きました。

Tはスタスタとヤクザに向かっていくと、いきなりトーンと肩をぶつけました。

「なんだ、てめえっ」

相手が声を荒げました。さあ、始まるかと思って身構えたのですが、そこで計算外のことが起こりました。男の怒声に誘われるように、あちこちの路地から、子分みたいな連中がパラパラと現れたのです。

それを見たTは驚いて、いったん、私のところへ飛んで戻ってきました。今度は私が前に出ます。

私は、ざっと相手の人数を見て取りました。三十人以上います。こちらは私とTの二人。苦戦を覚悟して身のすくむ思いだった半面、こいつは面白いことになったぞ、と思いました。

大勢の子分を後ろに従えて、先ほどの男が口を開きました。

「オレは○○組の××ってもんだ。てめえはどこの組のもんだ」

「オレはどこの組のもんでもない。合気術＊の塩田だ」

＊合気術　合気道という名称を用いるようになったのは昭和一七年から。それ以前は、皇武館武道、合気術、旭（あさひ）流、相生（あいおい）流、合気武道等と呼ばれていた。その後も天真合気道、武産（たけむす）合気道という名称を用いている。

私はそう名乗りをあげました。

なんだか仁侠映画のシーンみたいだと思われるかもしれませんが、当時のケンカはこんな形で始まる場合が少からずありました。今のヤクザには情もなにもありませんが、むかしはまだ、ヤクザはヤクザなりに仁義を重んじており、いきなりドスを振り回すような無作法な真似はしなかったのです。

「なんだ、その合気術ってのは」

男がうすら笑いを浮べました。彼が合気術を知らないのも無理はありません。体育課目としてすっかり一般にも普及していた柔道に比べ、合気術はまだ知る人ぞ知るという状態だったからです。指導を行っていた対象も、警察や軍が主で、一般の人が入門する場合は保証人を二人必要とするなど厳しい条件があって、その技が世間の人の目に触れる機会はなかなかありませんでした。

そんなわけで、私の名乗りを聞いた男も、きっとそれを大道芸の一種くらいにしか思わなかったのでしょう。ましてや、私が小柄なのを見て取って、内心油断したにちがいありません。

多人数取りの実際

そのころにはすでに、私の全神経がこれから始まる闘いに向かって集中していました。大勢と闘うときには、最初に集団の中のいちばん強いやつを倒すのが鉄則です。親分と名乗り合っている間に、私は背後の三十人の中に狙うべきターゲットを求めました。

一人の男を目の隅にとらえたとき、ピーンときました。物腰が違うのです。妙に落ち着いてケンカ慣れした感じ。しかも、体つきというか姿勢というか、そういうものがサマになっています。間違いありません。こいつが多分、用心棒格なのです。

仁義は終わりです。一触即発の緊張が、今まさに爆発しようとしています。次の一瞬が勝負を決するのです。

連中が一勢にかかってきました。しかし、先に動いたのは私です。

狙った男の懐に一気に飛びこむと、腹に当身《あてみ》を叩きこみました。

うめき声とともに、男の体が崩れ落ちました。

「野郎！」

「ブッ殺せ！」

口々に叫び声をあげながら、三十人の男たちが私とTに向かって襲いかかってきます。しかし、すでに私には余裕が生まれていました。闘いの始まるまでは怖いものです。いくら強気でいるつもりでも、やはり気が上ずってしまっています。

それが、一人倒すと、スーッと落ち着いてくる。そして、相手の動きがよく見えるようになるのです。逆に相手の集団は浮き足立ってしまっています。集団でいる場合、その中の戦力的な要《かなめ》となっている人物に、皆が依頼心を持っているものなのです。その一人を中心にして、全体の心がひとつにまとまっています。そいつがいきなり倒されてしまうと、集団は戦力的な要と心の依り所を二つ同時に失ってしまい、ひるんでバラバラになってしまうのです。

こうなったら、もはや集団の怖さはありません。しかも、みんな恐怖心の裏返しで頭に血が上っていますから、冷静さを失っています。こうなると、合気道にとっては絶好のターゲットなのです。

相手を待っていることはありません。こっちから向かっていってあげるのです。すると、相手は頭に血が上っていますから、負けじとこちらに向かって勢いよく突っこんできます。そこでサッと体をかわすと、相手はたたらを踏んだり、お互いにぶつかり合ったりして、自滅していきます。そこを狙って次々に当身を叩きこむのです。

こうやって、私とTの二人は大暴れし、とうとう三十人のヤクザを蹴散らしてしまったのです。

まさに若気の至りと言うべきエピソードを紹介させていただきました。これは私が合気道のなんたるかを悟る前の、まだ修行途中の話ですので、そのときの私の実力をもって、合気道全般を語ることはできませんが、これで合気道が実戦においてどんな闘い方をするのかということだけは、多少なりとも理解していただけたのではないかと思います。

いままで抱いていた合気道のイメージとぜんぜん違う、という印象を持たれた方もいらっしゃることでしょう。そこで次に、右のエピソードの中に現れた重要な理合を説明してみたいと思います。

実戦では当身が七分

私が当身を多用していることに驚かれた方も多いでしょう。

合気道といえば手首をつかむもの、あるいは派手に投げ飛ばすものというイメージに皆さん捕われているようですから、無理もありません。

しかし、植芝盛平先生も次のように言っておられました。

「実戦における合気道は、当身が七分、投げが三分」

私の体験から言っても、まさにそのとおりだと思います。

それなら、関節技はどうなるのか、と問い返されそうですが、たとえば酔っ払いにからまれたとかいう場合なら、関節技で制圧した方がいいケースもあるでしょう。しかし、死ぬか生きるかというような状況に身をさらした場合や、大勢を相手にした場合などは、一瞬の勝負になりますので、当身や瞬間の投げじゃないと身を守り切れません。逆に言えば合気道の本質は、そういうギリギリの闘いにおいて発揮されると言ってもいいでしょう。

さて、当身といっても、合気道の場合は拳や蹴りなどにこだわりません。体中いたるところが当身の武器になります。演武会で、私がよく、突進してくる相手を背中で弾き返したり、すれ違いざまに肩で相手を吹っ飛ばしたりするのをごらんになった方もいるかと思います。ああいうふうに、触れたところがそのまま当身となるわけです。

これは、相手の攻撃をよけてから反撃するのではなく、逆にその攻撃の中に入っていくことによって可能となる技です。といっても、ただやみくもに体を相手にぶつければいいのではなく、そこに体全体から発する力を集中させなければなりません。この集中力については後ほどくわしく説明しますが、体中のどこにでも自在にこの力を発揮させることによって、合気道本来の完全に自由な闘い方が可能になるわけです。

また、こういった瞬間の攻撃の場合、もはや当身とも投げとも区別できないようになることがあります。しかし、そんなことはどうでもいいのであって、とにかく相手が崩れればそれでいいわけです。形をいくら区別してもしようがありません。

正拳突きは前の膝に乗る

さて、ここでは当身の基本の正拳突き、つまりストレートについて話をしましょう。なんといってもやはり、実戦でのＫＯ率が高いのはこのストレートですから。

首を傾げる人もいるでしょう。突きで勝負を決めるなら、よほどその一発に威力が無ければダメだ。しかし、合気道の道場で空手やボクシングのようにパンチ力を鍛える稽古をしているなんて、聞いたことがないぞ、と。

確かにそのとおりです。合気道では普通、巻藁《まきわら》を叩いたり、レンガを割ったりというようなことはやらないわけですから。

ところが、じつは突きの稽古をちゃんとやっているのです。何も特別なことではありません。道場生の皆さんがいつも繰り返している基本動作や基本技、あれがそのまま突きの稽古になっているのです。

突きが威力を発揮するために必要なことといったら何でしょうか。それは、右足なら右足から踏みこんだときに、体全体の重心がそれに乗るかどうかということです。乗ったら効くのです。

合気道では体全体の一致した瞬発力で前に出ることが重要です。しかし、大抵の人は、踏みこんだときに膝の操作がうまくいかなくて、せっかく重心の移動によって生じた力がそこで止まってしまい、上半身（拳）にまで伝わりません。だから突きも効かないのです。

ポイントは膝の柔軟性です。柔軟性といっても、関節がフニャフニャしていることではなく、踏みこんだときに膝がなめらかに前にせり出し、重心をそのまま前へ伝えることができるかどうかなのです。これができると、体全体の力が拳に乗って、大きな威力を生み出すことができます。これが集中力です。そのとき当然、前の膝のせり出しと腰の前進にともなって、後足が引きつけられる形となります。

道場で稽古されている方ならおわかりだと思いますが、この動きは、毎日稽古の前に行う臂力《ひりき》の養成＊と同じであり、また、投げ技において前に出る力を手に伝えたり、逆技を体の前進によって効かせたりする動きと共通しています。つまり、合気道の最も基本的な体の前進動作は、そのまま突きの動きとして応用できるというわけです。もちろん実際には、より大きく、より早い動きの中で、この動作を行えなければならないことは言うまでもありません。

＊臂力の養成　臂力とは肘の力のことだが、これは持たれた手を振りかぶる稽古のこと。（一）は前進動作を、（二）は向きの転換にともなう重心移動を稽古する。合気道の体の操作の基本が集約されている。

これは、順突きでも逆突きでも関係ありません。その場の状況に応じて変化は自由です。要は、重心の移動、それを前に伝えること、そして拳にその力を乗せること、この三つをすべて一致させた動作ができればいいのです。

また、拳もあまりしっかり握ってはいけません。しっかり握ると筋肉がムダにリキんでしまって、力が腕に乗らなくなります。軽く握って軽く当てるような気持ちでいた方が、効くのです。

拳の使い方はいろいろです。正拳も使いますし、私の場合、人差し指や中指の第二関節もよく使います。堅い物にぶつけるのならともかく、人間が相手ですから力が集中しやすい一本拳で、体の弱い部分を狙った方が効果的だからです。

戦地で人体の強さを知る

突きに威力があっても、それだけでは相手を倒せません。なぜなら、相手は板やレンガではなく、人間だからです。

人間は動いていますし、また、体の構造にも生物ならではの強さと弱さが同居しています。

合気道において、拳を鍛えたり、物を割る練習をすることは意味がないと私が思うのは、そこに理由があります。静止した物体を破壊するのと、人間の体にダメージを与えるのとでは、根本的に技術が違うのです。

私がそのことをまざまざと思い知らされたのは、第二次世界大戦のさなか、中国にいたときでした。ただし、これを思い出すとき、私はいまだに不愉快な思いがこみ上げてくるのを禁じえません。それほどまでに忌わしい記憶ではありますが、人間がまぎれもなく行った行為のひとつを読者に知っていただくために、あえて語ることにします。

当時、中国に侵攻していた日本軍の駐屯地での出来事です。

あるとき、駐屯地の一隅で、何人かの兵士が集まって騒いでいます。何事かと思って顔を出すと、連中が中国人の捕虜を取り囲み、替わるがわる捕虜を殴りつけているところでした。

彼らはそれぞれ空手や拳法の有段者です。そして、自分の突きで本当に一撃必殺が可能かどうか、捕虜を実験台にして試していたのです。

無抵抗の相手に向かって、渾身の力をこめた拳が叩きこまれます。捕虜の中国人がうめき声をあげて体をくねらせます。そこにまた、次の拳が飛んできます。捕虜は体を二つに折って顔を苦痛にゆがませながら、それでも歯を食いしばって耐えています。その腹に、また別の拳がめりこみます。

目をそむけたくなるような光景です。人が人をなぶりものにして平気でいられる狂気の行為がまかり通っているのです。人間をこんなにも狂わせてしまうのが戦争なのです。

捕虜の中国人は、目に日本人への憎しみを一杯にたたえて、この残酷なリンチに耐えていました。最後は足腰が立たなくなり、ただもう意志の力だけで頑張っていたにちがいありません。

日本兵たちは、相手がいつまでも死なないのを見て、とうとうあきらめてしまいました。

板やレンガと異なり、人間の体はただ力まかせにぶっ壊そうと思って壊せるものではありません。ましてや、相手の気力が充実している場合、普段では考えられないような抵抗力を発揮するのですからなおさらです。

戦場における狂気が、はからずも私にそのことを教えてくれました。

ついでに皆さんも覚えておいてください。このエピソードのように、武道という素晴らしい文化も、使う人の心のあり方次第で残虐な暴力行為に成り下がってしまうのだということを。

弱い立場にいる無抵抗の人間に向かって面白半分に叩きこまれる拳など、もはや武道の名に値しません。

当身はタイミング

では、何が大切かというと、タイミングです。

ボクシングなんかを見ていても、なにげなく出したパンチで相手がKOされてしまうことがよくあります。これなどは、相手の動きの変化と、こちらの出したパンチが、ちょうどいいタイミングでぶつかった例です。

相手の動きの一瞬の状態を察知して、ここぞというときに突きを出すことが大切なのです。

それは相手の出鼻を叩く場合もありますし、逆に、相手が空振りして体が伸び切ったところを叩く場合もあります。

面白いもので、タイミングさえちゃんと合えば、こちらはさほど力を使わずとも突きが効くのです。拳が痛いだのなんだのということはありませんし、衝撃が反発力となって自分に返ってくるようなこともありません。

ちょうど野球のバッティングで、ジャストミートしたときにほとんどボールの勢いを感じないのと同じです。

そのいい例を紹介しましょう。私ではなく植芝先生のエピソードです。

朝鮮半島が日本の支配下に置かれていた時代のことですが、現地で大きな武道の大会があるというので、先生が招かれて演武に出かけたことがありました。

会場には柔道の選手も沢山いたのですが、先生の演武を見た一人が、例によって「信じられない」と言って、先生に挑んできました。その相手というのが、当時、最強の柔道家と謳われた木村政彦＊選手のライバルと言われていたNという選手で、体格ももちろん人並以上に優れ、先生と向い合うとまるで大人と子供です。

＊木村雅彦　大正六年、熊本に生まれる。昭和一二年を皮切りに全日本柔道選手権大会三連覇したのを始め、数々の大会を制し、「木村の前に木村なく、木村のあとに木村なし」といわれた柔道家。柔道界を離れた後は、プロ柔道を経てプロレスラーに。

相手がいきなり、先生の奥襟を取りにきました。そして、引きつけて、はね腰にいこうとしました。そのときです。相手の巨体がそのままヘナヘナと床に崩れ落ちてしまいました。先生はと見れば、何事もなかったかのように立っています。観ていた人たちは騒然となりました。何が起こったのか、だれにもまったくわからなかったからです。

これは、相手が懐に入ってきた瞬間をとらえ、先生が相手の腰にポンと拳を当てたのです。そのタイミングがあまりに合い過ぎたようで、あとから聞いた話では、相手の腰の骨が砕けて再起不能になってしまったそうです。

乱戦の場合もこの応用です。相手の動きを見極め、ここぞという一瞬のタイミングをとらえて当身を入れると、大きな効果が生まれるわけです。

一撃必殺のタイミング

さて、このタイミングを合わせる呼吸を身につけると、先ほども述べたように、体のどの部分を使っても攻撃することができるようになります。例の背中で相手をハネ返す技にしても、面白いことがありました。

私の古くからの弟子でKという男がいました。今はアメリカで頑張っていますが、彼がまだ内弟子のころの演武大会での出来事です。

いつものように多数捕りの演武をやっているとき、後ろからKが攻めてくるのを察知しましたので、距離を測ってドーンと背中をKにブチ当てました。後ろには目がないのに、どうして相手の位置や距離がわかるんだと言われても困るのですが、そこには長年の修行によって、気配や足音などでタイミングを知るわけです。

この一発がものの見事に決まり、Kはもんどり打ってひっくり返りました。ところがそのままKは起きてきません。完全にノビています。

見ると、腹がカエルのように膨れ上がっています。どうやら、ちょうど息を吸いこんだときに私の背中が入ってしまい、そのまま息がつまってしまったらしいのです。

あわてて介抱したのですが、息を吹き返したKは、私を見るなり、いきなり襲いかかってきました。攻撃の途中で意識を失ってしまったために、目が覚めてからもそのまま攻撃中の記憶が続いていたのでしょう。

咄嗟《とっさ》だったので、私も思わずKをまた投げ飛ばしてしまいました。私がいつも内弟子に本当にブッ倒すつもりでかかって来いと言っているものですから、そんなハプニングもときどき起こるのですが、それにしても息を吹き返してからもなお攻めてこようとしたKの気迫は大したものです。

それはともかく、タイミングが完全に合えば、当身は一撃必殺になるということがわかっていただけたことと思います。

横面打ちを合わせる

ずいぶん前になりますが、他流派の合気道の選手権で優勝したという人が、うちの道場に見に来たことがあります。その人を仮にNさんとしておきましょう。

合気道では一般的に試合は行いませんが、独自に選手権を開いている道場もいくつかあります。Nさんがいたところもそんな流派のひとつです。

その流派の選手権は変わっていて、手刀なら手刀、突きなら突きといったように、部分部分の技で競い合うのです。Nさんはその手刀部門の優勝者だということでした。

そんなわけで、うちにやって来たとき、Nさんは手刀にかなりの自信を持っていました。おそらく、オレの手刀がさばけるものならさばいてみろ、という気持ちだったのでしょう。

Nさんが来たとき、ちょうど道場にいたのが、そのころ内弟子をやっていた駒形《こまがた》という男でした。彼がNさんの相手をしたのですが、この駒形というのは、タイミングを合わせるのが実にうまい男だったのです。

Nさんは、自慢の手刀に渾身の力をこめて、駒形の横面に打ちこみました。それを駒形が内側から手刀でポンと弾きました。そのタイミングが絶妙だったのです。Nさんは打ちこんだ力が全部自分に返って、体ごと吹っ飛ばされてしまいました。

Nさんは真赤に腫れ上がった腕をさすりながら、目を丸くして驚いています。無理もありません。何よりも自信を持っていた手刀を思いきり打ちこんだのに、はね返されてしまったのですから。

「こんなに自分の手を痛めたのは初めてですよ」

Nさんはすっかり感心した様子で駒形に自分の腕を見せました。弾かれた部分がアザになっていました。それに対して、駒形のほうはなんともありません。赤くもなっていなければ、痛みもありません。

「どうやったら、そんなに手刀を鍛えられますか」

熱心に尋ねるNさんに、駒形は困ったような顔で、「いやあ、別に鍛えたわけじゃないんですが」と答えました。Nさんはますます目を白黒させています。

Nさんにしてみれば、鍛えに鍛えた自分の手刀がはね返されたのだから、相手はそれ以上に手刀の打撃力を鍛えていたのだろうと考えたのでしょう。しかし、実際は駒形が強く打ったからNさんがはね飛ばされたのではなく、相手が打ってくる力に対して絶妙のタイミングで手刀を合わせただけなのです。

私も演武で同じことをやっていますので、ごらんになった方もあるでしょう。思いきり打ちこまれる手刀に対して、こちらはただ軽く当てているだけなのに、相手が何か壁にでもぶつかったみたいにはね返されるのを見て、大抵の人が首をひねりますが、これはタイミングさえとらえれば、だれにでもできることなのです。

基本稽古で正面打ちや横面打ちを受けるのを見て、あんなことで相手の攻撃が受け止められるわけがないと思う人もいるようですが、そういう人はタイミングをとらえることから生まれる効果に気づいていないのです。相手の攻撃に対して、ただ漫然と手を出したのでは受けきれないのは当然です。問題はタイミングが合っているかいないかであり、合気道ではそこを訓練するのです。

力が乗る直前を制す

さて、その受けるときのタイミングですが、これが難しい。

相手に百パーセントの力を出させてはいけません。そうすると、いくら受けようとしても、相手の勢いに負けてしまい、自分への衝撃が強くなって、受けきれるものではありません。

だからといって、相手の力がまだ全然出ていないときにやろうとしてもダメです。相手はそれと察知して、すぐに手を引込めてしまいますから。

相手が百パーセントの力を出すちょっと前。まさに出ようとしたその出鼻を、パンと叩くわけです。そうすると、こちらにはほとんど影響がないままに、相手の力をすべて相手に返すことができるのです。もちろんそこには、相手の状態だけではなく、自分自身の体勢をしっかり作るということも必要になってきます。

これがきまったときの、相手の衝撃は大変なものがあります。特にこちらの勢いが乗っているときなどは、相乗効果ですごい威力を生み出します。

こんなことがありました。日比谷公会堂で演武を行ったときのことです。

そのとき私の受けを取ったのは、今は警視庁の師範をやっている井上という男でした。井上には短刀を持たせて、そのさばきを披露しようとしていたときです。短刀といっても演武ですから木製です。

井上が私のコメカミを狙って、思いっきり短刀で切りかかってきました。私は横面打ちを受けるのと同じ要領で、井上の腕を弾きました。

と、実にうまくきまって、井上の右手から短刀が吹っ飛んでいったのですが、なんとその木製の短刀が、会場のコンクリートの壁に突き刺さったのです。

これには私もビックリしました。木製の短刀がコンクリートに突き刺さるなんて、よほど勢いが乗っていなくてはありえないことです。つまり、井上の力、それを受けた私の力が、それだけの加速力を生み出したということです。

同じようなことは他にもありました。こちらは木剣です。やはり公開の演武会のときだったのですが、内弟子が木剣で打ちこんできたのを私が同じく木剣で払ったところ、内弟子の手から飛んでいった木剣が、控室の木の扉を貫通してしまったのです。刺さったのではなく、スッポリと扉を突き破って向う側まで飛んでしまったのです。

だれもいなかったからよかったようなものの、人に当たっていたら大変なことになるところでした。そうでなくても、扉に穴をあけてしまったために、会場の管理者から怒られてしまったのですが。これもまた、絶妙のタイミングが生み出した出来事でした。

さて、これはぶつかり合いとは違います。受けの稽古をしていてよく見られることですが、打ちこむ方も受ける方も、手刀がゴツンゴツンと当たって、両方とも腕にアザを作りながらやっています。これではいけません。受けた腕が痛いというのは、ただ力がぶつかり合っているだけなのです。これでは、車の正面衝突と同じで、お互いに痛いだけですし、最終的には力の強い方が勝つに決まっています。

ぶつかり合いになってはいけないのです。ぶつかり合わずに相手の力をはね返す。合気道の目指す受けとはそういう受けです。一見、矛盾しているようですが、これによって攻防一体となった技が可能になるのです。こう書いただけではピンとこないかもしれませんが、体で納得できるように努力していけば、皆さんにもきっと理解できるはずです。

しかし、一人一人の顔が違うように、力の作用も全部違います。同じ人でもやるたびに力は変化します。だから、ただ型稽古を手順どおりにくり返しているだけでは、絶対にこういった技は身につきません。力の変化を肌で感じ取れるように稽古することです。そこが難しいのです。

伸びきった突きをはじく

もうひとつ、タイミングによって攻防一体を可能にする例を紹介しましょう。

筑土八幡で道場を始めたころにはよく道場破りみたいなのが来たものですが、あるとき中国の北派の少林拳*をやっているという男が訪ねて来ました。三十そこその若い人でしたが、やっぱり合気道をインチキだと思っていたらしい。

* 筆者の記憶では少林寺拳法であるが、「北派」と称しているところから考えると、少林寺拳法ではなく中国拳法の

少林拳ではないかと思われる。

そのとき私は座り技を見せたのですが、納得できないような顔をしています。するとやはり立ち上がって「私にやらせてもらえますか」と言ってきました。

私が応じますと、いきなり座っている私を目がけて突いてきました。そのとき私は、座ったまま相手の拳に正面からポンと掌を合わせました。これがうまくいって相手は後ろに吹っ飛んでしまったのです。男はたちまち頭を下げて来て「いや、凄い技です。先生、ひとつ色紙を書いてください」と言って来ましたので、確か一筆書いて渡したような気がします。

さて、私がいったい何をしたのかというと、相手の突きが伸び切ったところに正面から当てたわけです。

これは実は、私が植芝先生から授かった極意のひとつなのです。先生はよくこんなふうに言っていました。

どんなに早い突きでも、伸ばしてから引っ込めるわけで、その伸び切った瞬間は拳は静止している。その止まった瞬間にポンと正面から叩けば、肘が伸び切っているから一本の棒を突くのといっしょで、相手は後ろにひっくり返る、と。

私は植芝先生にお願いして、何度もこの技をやってもらいました。私が突いていくと、先生はそれに見事に合わせる。そうすると、膝からピーンとはね上がって、吹っ飛んでしまう。植芝先生というのは大したもので、これが百発百中でした。どんなに勢いよく突いていっても、パッと合わされると、尻が浮いてしまうんです。

私はその技をよく身をもって体験していたものですから、道場破りの突きに対して咄嗟に使うことができたというわけです。

しかし、植芝先生にはかないません。先生はボクサーのピストン堀口のパンチをつかんでしまったことがあるんですから。

当時、一世を風摩していた堀口さんが、ボクシングに合気道の動きを取り入れたいというので、植芝道場に習いに来ました。先生に「突いてきなさい」と言われて、堀口さんがストレートを打ったんですが、なんと、その目にも止まらぬパンチを先生はワシづかみにし、引張りこんで下からアゴをしゃくり上げ、投げ飛ばしてしまったのです。畳から身を起こしながら、堀口さんは目を丸くして驚いていました。見ると、彼の右拳に赤いアザがいくつもついています。ちょうど人差し指と中指と薬指の付け根に先生の指が入ったらしく、その跡がついているのです。

私もビックリして、先生にどうやったんですかと尋ねました。

「いやあ、なんでもない。もう先に見えとるよ。必ず止まるんだから、そこをつかみゃいい」

と先生は笑っていましたが、言われてみると確かにそのとおりなんですが、しかしそれがなかなかできるものじゃない。

私はその呼吸をつかもうと思って研究していたのですが、それは覚えようたって覚えられるものじゃありません。やっぱり肌で感じて、ここだ、というときの集中力で咄嗟に出るものなのです。その感覚を養成しなければなりません。

私がよく演武でやっている、正面から肩を突いてきた相手をそのままハネ返す技。あれも同じ原理です。早過ぎても遅すぎてもダメ。ちょうど伸び切ったところをとらえる。これが難しいわけです。

酔っぱらいに入身投げ

さて、ここでもう一度、新宿の乱闘事件を振り返ってみましょう。

いくらタイミングを合わせて攻めれば大きな威力を発揮するとはいっても、三十人からの敵をいちいちまともに相手なんかしていられません。そこで、相手とぶつかり合うよりも、体さばきによって攻撃をかわすことが多くなります。

ここに、合気道の重要な要素である、入身《いりみ》や回転動作が生きてくるわけです。次はこの体さばきについてお話ししましょう。

昭和二二、三年のことです。

そのころ、私は所沢に住んで、鉄道信号工事という会社でサラリーマンをしていました。

この会社は東京の品川にあり、家からは片道一時間半もかかります。そのため、帰りはいつも夜でした。

ある日のことです。所沢の駅から自宅への道を急いでいますと、前から酔っぱらいが二人、歩いて来ます。そうとう飲んでいるようで、足元はふらつき、ベロンベロンの状態です。

いやな予感はしたのですが、案の定、片方が私にからんできました。何やらろれつの回らないことを口走りながら、私に詰め寄って来ます。

私は危いと思って、スッと体をかわしました。別に他意のない動きだったのですが、運の悪いことに、相手がたたらを踏んで転んでしまいました。

それを見て、もう一人の方が怒り出しました。「オレの相棒をやりやがったな！」と言いながら、いきなり殴りかかって来たのです。

その瞬間、私は同時に前に飛びこみました。そして、前に出ながら腰を右に開きました。当たる寸前のところで相手の拳は目標を失いました。そのまま相手の体は前に流れ、ちょうど私の胸の前に入って来る格好になりました。

次の瞬間（といってもほとんど同時ですが）、私は左手を相手ののど元に差し入れました。側面入身投げの形に入ったのです。

完璧なタイミングでした。相手の出てくる力とこちらの入っていく力がピタッと合いました。相手の体がきれいに宙に飛んで、後頭部からガーンと地面に落下し、ノビてしまいました。

あとは一目散にピューッと逃げてしまいましたが、今思い返しても、あの側面入身は本当にうまくいったものだと思います。

ただし、右に書いたような細かい動きを、私がいちいち意識していたわけではありません。すべては一瞬のできごとなのですが、あとから理合に基づいて分析してみると、右のようになるわけです。

前に出るから体が自由に動ける

ここで重要なのは、相手が殴ってくるのと同時に、私が前に出たことです。自分に向かって拳が飛んでくれば、それから体を遠去けようというのが人情です。あるいは、ただもう単純にそれを払いのけ、そのあとでどう反撃するかを考えてしまいがちです。誰だって殴られるのは嫌なわけですから、体がそう反応してしまうのも無理はありません。

しかし、実際には相手の攻撃のスタートと同時に前に出た方が当たらないのです。前にグーッと出ることによって、相手がますます勢いに乗ります。これはある意味では、相手の力を引き出すための誘いです。

そして、相手が充分に出て来たときに、そこでパッと体を左または右に開くわけです。前に出るから体が自由に動けるのです。ここを誤ってはいけません。合気道というと、相手の攻撃を待っていて、それをさばくものと思っている人が多いようですが、そんなノンビリしたことでは、他の武道の人たちが言うように、とてもじゃないけれど対処することはできません。

体《たい》さばきというのは、言ってみれば〝すかし〟です。相手が何のためらいも持たずに全力をこめて攻めてくる。その力の乗ったところでこちらが体をかわすから、相手は空振りして体勢を崩してしまう。

そのためには自分から前に出ることが大切です。決して待っていてはいけません。一見、相手が攻めているようでいて、実はその瞬間、すでにこちらがペースを握っていなければならないのです。

そうすることによって、相手の力はすべてこちらのものになってしまいますから、あとは回転動作によってそれを流してしまえばいいわけです。所沢の一件のように、うまくタイミングが合いさえすれば、そのまま投げることもできます。

ナイフをかわして裏拳

こういったことは、頭で考えてできることではありません。体が即座に反応しなければならないのです。そうでなければ身を守ることはできません。

相手が刃物を持っていればなおさらです。刃物を持っている相手に対して、こう受けてこう反撃して、なんてことを考えている余裕はありません。私自身、体がうまく反応してくれたおかげで命拾いしたことがあります。

それは上海でのことでした。

そのころの上海の街角には、夜になるとヤチーと呼ばれる街娼が立つのです。私は後輩と二人で連中をからかって喜んでいました。

と、前から来た男が、すれ違いざまにジャックナイフを抜いて突きかかってきたのです。理由もなにもありません。いきなりです。

アッと思ったときには、私の体が動き、次の瞬間、男は鼻を抑えてうめきながら地面を転げ回っていました。連れが驚いて、「先輩、今、どうやったんですか」と言うので、私はやっと自分のやったことを振り返った次第です。それはこんな具合でした。

相手のナイフ突きを、まず入身でさばきます。そして、伸びた腕を右手で引き、左裏拳を相手の人中に叩きこんだのです。

それらの動作が一挙に出て、うまくいきました。間合は近かったのですが、咄嗟に腰を切ることによって、ナイフをさばくことができたのです。

そのときもし、怖いと思ったり、よけてやろうと思ったりしたら、体が動かずにやられてしまったことでしょう。無我の状態だったからこそ、うまくいったのです。

このときの裏拳の使い方は重要なので、ついでに解説しておきましょう。

裏拳のコツは、張り出した肘を一点に固定しておくことです。動かしてしまうと力が乗りません。ちょうど側面入身などの肘の使い方と同じです。ここに、合気道ならではの肘の固定力が生きてくるのです。

このとき、肘の下に重心を置いておくようにします。やはり、重心の操作がポイントなのです。

そして、肘を軸に、体全体の力を拳に乗せて打ちこむというわけです。決して腕の力だけでは威力は生まれません。

敵の意欲を利用する

合気道では特に体《たい》さばきということを強調しますが、本来、なにも合気道の専売特許だったわけではありません。もともと、どんな武道においても、体さばきをともなった闘いを追求していたわけです。なぜなら、かつての武道は純粋に戦場において力を発揮するものだったわけですから、大勢の敵を相手にできないことには話になりません。そのためには、一人一人と真向からぶつかり合う闘い方よりも、体さばきによって縦横無尽に敵を翻弄する闘い方でないと、応じきれなかったからです。

近代のスポーツ化した武道では、この辺が忘れられやすいようです。柔道は一対一で、しかも組合ったところからの闘い方しか練習しませんし、空手でも試合偏重のために一定の間合で殴り合うようになってしまいました。

こういう動きでは、体重別の一対一の試合にこそ力を発揮するものの、乱戦において、しかも敵が武器を待った場合などに身を守れるかどうかは難しいところです。

乱戦における敵の攻撃は、試合とは違います。だいたい一撃目の間合は遠くなりますが、逆にそこが狙い目でもあります。前にも書いたように、相手が飛びこんでくるように、その意欲をあおっておいて、出てきたところをさばくからです。

よく、「合気道の技は空手のような飛びこむ突きには有効でも、ボクシングのように飛びこまないパンチには効かない」と言う人がいますが、私に言わせれば、試合という形でしか闘いを想像できないから、そんな考えが浮ぶのです。

命をやり取りするような闘いの場合には、映画や小説と違ってボクシングの技対合気道の技といったような形にはなりません。

技がどうこうではなく、こちらをブッ倒そうという敵の気持ちまでもいかに利用するかが、武道の戦略なのです。

ですから、新宿での一件をもう一度考えていただければわかるように、相手の気持ちをあおるところから勝負は始まっていると言えるでしょう。

その場合、自分の心は逆に冷静でなくてはなりません。落ち着いていないと、相手の動きを見極めることなどできないからです。それに、自分の頭に血が上ってしまっては、体さばきを行うどころか、力ずくでただ相手にぶつかっていくことになりかねません。

腕に自信のある人の場合、たいていこの点でしくじることが多いのです。自分の技を掛けてやろうという欲のほうが先に立ってしまい、相手とまともにぶつかり合って、トラブルを切り抜けるための余裕がなくなってしまいます。一対一ならともかく、相手が大勢の場合、これだとつかまってしまっておしまいです。

よく盛り場で、酔った学生同士が取組み合ったりするのを見ていますと、だいたい柔道の心得のあるらしい方が組みついていくのですが、結局、お互いに頑張り合いになって、投げるどころか動くことさえままならなくなります。これなども、技がどうこうというより、試合じゃない闘いにどう対応したらいいのかという訓練をしていないからなのです。

だから、闘おうとしないほうがいいのです。こっちがかかっていこうとする姿勢を見せることによって相手が前に出てきたら、サッと身をかわす。そうすれば、相手はお互いにぶつかったり、たたらを踏んだりして、自滅していきます。

一対一の闘いを何度もくり返せば、やがて負けるに決まっています。相手を以《も》って相手を制す。これが一対多の極意です。そしてそれは、冷静な判断力をともなった体さばきによって可能になるのです。

演武として行われる多人数捕りの自由技。あれはこのことを表現しているわけです。決して見映えを狙っただけの演武ではないことに注意してください。

M・タイソンの訪館

合気道同様に縦横無尽の体さばきを重視した闘い方をするものにボクシングがあります。違うのは合気道が流れるような円の動きなのに対し、ボクシングはステップを用いるという点でしょうか。

実戦ではボクサーが強いとよく言われますが、そのとおりだと思います。乱戦になればやっぱりどれだけ敵の攻撃をさばけるかになるわけですから、その点、ボクサーは充分にトレーニングを積んでいるはずです。

平成二年二月七日、うちの道場にボクシングのマイク・タイソン（当時ＷＢＡ・ＷＢＣ・ＷＢＦ統一世界ヘビー級王者）が見学に来て話題になりましたが、あれもタイソンが、合気道の体さばきに学ぶべきものを見出したからだと聞いています。

＊マイク・タイソン　元ボクシング統一世界ヘビー級王者。一九六六年六月三〇日ＮＹ市ブルックリン生まれ。八五年三月プロデビュー。八六年一一月に史上最年少（二〇歳四カ月）で王座獲得。

取材記者の話では、私たちの演武を見ていたタイソンの目は、常に足の動きを追っていたそうです。他のお供の人たちの目が上半身にしか行かず、まったく合気道を理解できなかったのと好対照だったということでした。

また、タイソンが最も興味を示したのは、相手が突っこんでくる勢いにタイミングを合わせて投げる、いわゆる呼吸投げだったといいます。そして「これはタイミングの技であって、決して力じゃない」と語っていたそうです。

さすがに天才ボクサー。合気道の核を成す部分をきちんと見極めています。そのあとの防衛戦でいつもの見事な勝ちっぷりを見せてくれていれば、私も鼻高々だったのですが、王座を失ってしまい、残念至極でした。

それはともかく、ボクサーが並々ならぬ強敵であることは疑いようがありません。私にもこんなことがありました。

終戦直後、私はある人の紹介で、進駐軍のキャンプを巡って合気道を披露する機会を得ました。ちょうど自分の道場を持ちたいと思っていたころで、資金を稼ぐ必要に迫られていましたので、報酬のよいこのキャンプ巡りは、宣伝も兼ねて渡りに舟の話でした。

そういうわけであちこちのキャンプを訪ねましたが、これが何事もなく終わるわけがありません。いろんなことがありましたが、次の話は埼玉県にあった朝霞キャンプでの出来事です。

アメリカ兵に日本の伝統武術を紹介する、と言えば聞こえはいいのですが、実際には自分たちが占領した国の武術を真面目に見ようとする者なんておりません。完全にショーを見るつもりで、寝っ転がってタバコをふかしたり、ビールを飲んだりしながら、薄ら笑いを浮かべて私の演武をながめています。

連中の態度の悪さに、私は「この野郎」と思いましたが、なにしろ相手は進駐軍です。文句を言うわけにもいきません。

そのうち、客席から白人の大男が出て来ました。相手をしろ、と言ってボクシング・スタイルで構えるのです。どうやらかなりボクシングに自信を持っているようです。仕方なく、演武の受けを務めてくれた私の後輩が相手をすることになりました。

アメリカ兵の拳が一閃《いっせん》しました。フックです。それは後輩の顔面を直撃しました。その一発で後輩はＫＯされてしまったのです。

客席の兵士たちがドッと沸きました。口笛を吹いたり、手を打ち鳴らしたりして大笑いしています。

男が今度は私の方を向いて、「ハーイ、パパサーン」とバカにしたように挑発してきました。このままでは合気道の面目は丸潰れです。私は闘志を燃やして男の前に進みました。

小柄な私と比べて男は二回りほど大きな体をしています。その目にバカにしたような色が浮びました。

米兵ボクサーに四方投げ

相手が左構えからジャブを打ってきました。その瞬間、私は相手の懐に飛びこむと、残った右手を取りました。そして、体を一旋させ、四方投げで叩きつけたのです。寝っ転がって見物していた連中が驚きの声をあげました。

私は、どうだ、という思いで連中を振り返りました。そのあとだれも、私たちに勝負を挑んで来る者はいませんでした。

右肘を痛そうに抑えながら相手の男が、先程と違った情無い顔で立ち上がってきました。彼が何かをしきりに尋ねようとしているのを、通訳が伝えました。

彼は、「自分が左ジャブを打ち出したのに、なぜ反対側の手を取ったのだ」と訊いていたのです。私は次のように答えました。

「あなたの左は牽制でしかなかった。本当は左のあとに右のパンチをきめようとしていたはずだ。だから、そっちを取ったのだ」

相手の男は、しきりと感心していました。それまで、そんな考え方はしたことがなかったのでしょう。

これは、相手と競い合わないことを基本としている合気道だからこそできる発想です。相手の攻撃そのものをどうこうしようというのは競い合いでしかありません。それではぶつかり合いになってしまいます。

この場合、私が左ジャブをどうこうしようと思っていたら、多分、次の右でやられていたことでしょう。だから、左はさっさとかわして、本当の武器である右手を先に制したのです。相手はまさかそう来るとは思わないものだから、右手への攻撃に対しては無防備で意表を突かれてしまったわけです。

私の前に立合った後輩は、逆に、相手の攻撃をどうさばくかということにばかり気を取られて、気持ちの上で後手に回ってしまったのです。

単純に考えれば、ボクシングというものを知らなかったからだとなりますが、そうではありません。そんなことを言い出したら、世界中の格闘技を研究しなければならなくなります。

攻撃をさばくというのは、そういうことではないのです。相手がどんな手で来ようとも、その動きを先に自分の体さばきの中に取りこんでしまうということなのです。

ですから、攻撃を待っていてはいけないのです。相手の攻撃をスタートの時点で察知して、その攻撃が威力を発揮する前に、すでに対処していなければなりません。相手がこう来たからこうするではいけないわけです。

そのためには、こうしてやろう、ああしてやろうという欲を棄てなければなりません。頭で判断して動くのではなく、五感の反応にまかせてしまったとき、初めて自由にさばくことができます。そうなったらもう、相手の攻撃の種類などは問題外になるのです。

ところが、私の後輩は、気負いと未知の格闘技に対する恐怖心から「さて、どうしてやろうか」という姿勢になってしまい、自然体を失ってしまったのです。そのため、すでに気持ちの上で一呼吸遅れているわけです。待っているようでは、ボクサーの早いパンチをさばききれるわけはありません。

自分自身が我《が》を棄ててカラッポになったとき、初めて自由な体さばきが可能になることを忘れてはいけません。ここをつかまえなくては、合気道を実戦で使うことなどできないということを知っておいてください。

柔道を制した投げ技

次に投げ技の話をしましょう。

実戦において、どの投げ技が効くなどということは一概に言えないのですが、私自身が多用し、なおかつ効果的だったものといえば、四方投げ、肘当て呼吸投げ、入身投げといったところでした。

私が道場を作る前、昭和二六年に日本鋼管で合気道を指導することになったときも、四方投げと肘当て呼吸投げが威力を発揮しました。

日本鋼管は社会人柔道のとても強いところで、私が合気道を教えることになった相手も、柔道部の猛者《もさ》ばかりでした。

初めての演武の日、当時の私には受けを取ってくれる弟子などいませんので、いきなり柔道部の連中を相手にすることになりました。彼らはもちろん合気道のことなど知りませんので、自分からきれいに技にかかってくれるなんてはずがありません。私は真剣勝負のつもりで演武に挑みました。

私はまず、柔道六段だという主将から相手にしました。大きな男でしたが、つかみにきたところを、四方投げの変型で腕を肩にかつぎ、肘をきめたまま投げました。ボキッという音がして、相手は肘を抑えたまま引っこんでしまいました。

次に出て来たのは副将で、あとから聞いたのですが、柔道五段で関東選手権にも優勝しているうえに、空手三段、剣道三段、相撲三段という猛者だったのです。

彼はいきなり空手の突きで攻めてきました。私は体をかわすと、肘当て呼吸投げで投げ飛ばしました。起き上がってくるところをさらに、五、六回投げつけます。肘にかなりのダメージを受けてしまったのでしょう、彼は参ったという言葉こそ言わなかったものの黙って下がっていきました。

四方投げと肘当て呼吸投げのおかげて、実力トップの二人を制することができた私は、そのあと下位の者を楽々と相手にして、合気道の威力を関係者にしっかり見届けさせることができたというわけです。

これがきっかけで私は日本鋼管の嘱託となり、養神館の設立に至る基盤を作ることができたのですから、このときの実戦演武は忘れることができません。

四方に投げるのが基本

合気道には様々な投げ技がありますが、その中でも特に重要なものは四方投げです。なぜなら、あらゆる投げ技はこの四方投げが基本になっているからです。

植芝先生が言うには、「四方に投げるのが合気道の根本」ということでした。だから、四方投げを充分に稽古してマスターすれば、あとは応用でどうにでもなるわけです。「四方投げ一本ができればいいんだ」と先生はおっしゃっていました。

植芝道場での私の先輩に赤沢善三郎さんという方がいるのですが、この人は植芝先生の教えに忠実に従って、四方投げばかり一所懸命に稽古していました。

あるとき、道場にKという早稲田の柔道部の男が腕試しに来ました。彼は、当時、柔道界でも注目を浴びていた選手で、左の吊込み腰を得意とする強豪でした。そのころで四段だったと思います。

Kの挑戦に対して、まず兄弟子の湯川勉さんが相手を買って出ました。

湯川さんはもともと柔道をやっていて、講道館の三段でした。かなり期待されていた選手だったのですが、嘉納治五郎先生に「植芝の合気術を盗んでこい」と言われて、言わば派遣という形で入門したのです。ところが、合気道がすっかり面白くなり、とうとう講道館をやめてしまったのだそうです。ミイラ取りがミイラになったわけです。

この湯川さんがKと立合いました。湯川さんは技もさることながら、腕っぷしも強く、植芝道場でもだれもが認める実力者の一人でした。ところが、現役の柔道家を前にして、湯川さんの講道館三段の血がうずいてしまったようなのです。

形こそは合気道ですが、もはや湯川さんの心には柔道が入りこんで来て、どっちつかずの中途半端になってしまいました。そうなったら、現役の柔道四段に勝てるわけはありません。Kのペースにはまって、きれいに投げられてしまいました。

このままでは植芝道場としても収まりがつきません。そこで、次に出て行ったのが、赤沢さんだったのです。

赤沢さんは純粋に合気道しかやっていないので、柔道家のクセなどは知りません。それどころか、日々の稽古を四方投げ一本に絞っていた人ですから、手数《てかず》というのはそれ以外にほとんどないわけです。常識的に考えれば柔道四段に対して善戦するのは容易なことではないはずです。

ところが、つかみに来たKの手首をとってクルリと体を入れ替えると、赤沢さんは見事に四方投げをきめたのです。逆にきまったKの肘が、ボキボキと音を立てました。受身を取れなかったため、Kの肘が完全にいかれてしまったのでした。

常識的に考えれば、ただひとつの技だけをくり返して何になるのかと思うところでしょうが、赤沢さんは四方投げという最も基本的な技の修得に専念することによって、いつしか合気道に必要な体さばきそのものを身につけていたのでした。

相手の体を伸ばしきる

四方投げの稽古から何を学ぶべきかを考えてみましょう。

それには、四方投げに対して外部の人が抱く疑問から解きほぐしていくと、わかりやすくなります。よく聞くのが、「相手の腕を折りこんで後方に崩すようなところまで、実際に持っていけるのか」というものです。「技をかけられている間、ジッと立っているような人間はいないから、体を反転しようとしてもこらえられるか、逆にやられてしまうんじゃないか」というわけです。

こう考える人は、武術の技というものを、きわめて部分的にしかとらえていないのです。おそらく、イメージとしては柔道や相撲における〝きまり手〟が頭にあるのだと思います。

たとえば、柔道で一本背負いとか払い腰などという場合は、最後の投げ方の形の違いで区別しているわけです。そして、一般に〝技〟というと、そこだけしか見ていない人が多いのです。つまり、すでに様式にとらわれてしまっていると言ってもいいでしょう。

大切なのは、投げるときの形ではなく、相手を投げることができる状態に追いこむ、その持っていき方なのです。

乱暴に言えば、いかに相手を崩してしまうかが問題なのであって、最終的にどんなふうに投げるかというのは、どうでもいいことなのです。

この崩しについて、柔道では〝作り〟と〝崩し〟という手順で説明していますので御存じの方も多いでしょう。相手を導いてある一方向に重心をかけさせ、そこを払うなり担《かつ》ぐなりして投げる、というのが柔道の考え方です。

合気道でも原則はまったく同じことです。ただし、合気道の場合は、崩れた一瞬を攻めるというのはもちろんながら、相手の力を流して、ひとつの大きな流れの中で相手の体を伸ばし切ってしまうという発想で成り立っているのです。

体を伸ばすというのは次のような状態を言います。たとえば、つまずいてバランスを崩したとき、すぐに立ち直れればいいのですが、そうでない場合は、体が前に泳いでしまって、あとは倒れるのを待つだけ、ということになってしまいます。こういうふうに、相手が自分で重心をコントロールできないような体勢になるまで導くことを、体を伸ばすというのです。

体が伸びてしまえば、あとは放っといても相手の方から自滅してくれますが、そこへ効果的な力を加えてやることで、ダメージの大きな転び方をさせるわけです。

では、どうするかというと、相手の力を途切れさせずに誘導すればいいのです。そして、その誘導は、力が体から遠くへ遠くへと伸びるように行います。

要は相手を立直らせないことです。ちょうどつまずいた人の手をイジワルしてさらに引っ張ってやるようなものです。

こうすると相手の重心はこちらのものとなっていますから、誘導の方向を間違えないようにして力を導いてやれば、相手の体を自由に崩すことができます。

その結果、四方へ投げ分けることが可能になるのです。四方投げのエッセンスはここにあります。

そこで、最初の疑問に戻りますが、四方投げをかけようとして相手にこらえられたとしたら、それは、力の誘導がうまくいかず、流れが途切れてしまったからでしょう。

よく目にするのですが、せっかく一度崩したものを、そのあとわざわざ立ち直らせるような方向へ持っていっている人がいます。

これは無理に投げる体勢に持っていこうとして、力の流れを無視してしまっているのです。これでは相手が頑張った場合、効くわけがありません。すでに基本からはずれていると考えた方がいいでしょう。

流れを作るのはリズムです。相手を伸ばすべきところは、大きく動いて充分に導き、逆に素早く小さな動きが必要なところはそのように動きます。動きが大きいから無駄なのではなく、かといってなんでもかんでも素早く動けばいいのでもないということです。

四方投げの基本で言えば、振りかぶるところなどは前者ですし、反転して腕を折りこむところなどは後者です。こういった緩急のリズムを修得することも重要な課題です。

また、力を誘導するのに、力ずくではうまくいきません。ここでも、腕力ではなく、重心の移動によって生み出す力を用いることが重要になります。腕を折りこむときなどは特にこの原則を生かす必要があります。

こういった様々な根本の原理を身につけることで、四方投げはその効果を発揮するわけです。そして、これらの原理は、他のあらゆる技においても共通だということなのです。

初心者の方は、この原理を見出すつもりで、四方投げの稽古になお一層、熱心に取り組んでみたらどうでしょうか。

痛くなくても崩れる

さて、ここまで長々と、実戦における合気道の効果を説明したわけですが、いっこうに関節技の話が出て来ないことに首を傾《かし》げている方もいらっしゃると思います。

関節技が役に立たないわけではありません。相手を捕り抑えるときや、飲み屋でからんできた酔っぱらいをちょっとおとなしくさせるときなどは重宝です。私自身、四ヶ条の応用で米兵の狼藉《ろうぜき》をたしなめたこともあります。

しかし、合気道というものの本質を考えたとき、関節をギュウギュウと締めつけて相手を負かすなどということは、初歩も初歩、きわめて低次元のことだと思うのです。

だいいち、関節技も形があってないようなものです。基本技の中では一ヶ条から四ヶ条に代表されるように、いくつかの分類をされていますが、これも投げ技と同じで、つきつめていけば形など関係ありません。

たとえば、三ヶ条できめてやろうと思って無理にそこへ持っていっても意味がないわけです。それによって勝負の決まり手が「三ヶ条」ということになっても、合気道の本質からきわめてかけ離れた闘い方だと言わなければなりません。

原則はいままで説明してきたことと同じです。力を流した結果、相手の関節の状態に従って自然に入ることができればそれでいいわけです。

早い話、相手の体を伸ばしてしまえば、あとはその肘をちょっと抑えるだけで関節を制することはできるわけです。なにも型の手順に従ってわざわざ難しい技に持っていく必要はありません。

また、重要なのは、痛めつける技には限界があるということです。相手が素人なら、ちょっと手首をひねってやるだけで事はすむかもしれませんが、なんらかの修行を積んだ人ならそういうわけにはいきません。関節の逆を取ったからといって勝てるわけではなく、それどころか技を仕掛けることさえ至難の技なのです。

では、どうするのか。

結局は、相手を無力にするしかないのです。

こらえようとしてもこらえられない状態を作る、あるいはこらえた力をはずしてしまう、そういう操作ができるように目指しているわけです。

私の演武を見て、受けを取っている弟子たちが関節をきめられてさぞ痛いでしょうと心配してくれる人がいます。しかし、そんなことはありません。彼らは痛くないのです。

内弟子として鍛えている連中の手首をいくら逆にきめようとしても、そうそう簡単にきまりはしません。力では私のような年寄りより彼らの方が上なのです。それに彼らは逃げ方も充分に知っています。

それでも私は彼らを二ヶ条の技で崩します。これは痛いからではありません。こらえようとしてもこらえられない方向へ私が攻めているからなのです。

痛くなくても相手が崩れる。そこに合気道の本質があります。

関節技の稽古はそこに至るための入門第一歩だと考えてください。

いつまでも稽古相手を痛がらせて喜んでいるようでは、永遠に合気道の高みに到達することはできません。

むしろ関節技は手首の鍛練だと考えてもいいでしょう。植芝先生も「関節のカスを取るのだ」とおっしゃっていました。関節を締めることによって、血液の循環がよくなり、新陳代謝をうながす、つまり健康増進に最適なのです。お互いにどんどん締め合ってください。

第三章　呼吸力

呼吸力は衰えない

第二章では、主に合気道の兵法についてお話ししました。いざ実戦となった場合、合気道がどんなふうに役立つのか、おぼろげながらわかっていただけたのではないかと思います。

しかし、兵法どおりに体を動かすのは、簡単にはいきません。なぜなら、合気道には合気道独特の力の使い方や体の動かし方があって、それを身につけないと、兵法どおりには動けないからです。ただ何も知らないで体を動かしているだけでは、合気道の技はいっこうに使いこなせないということなのです。

合気道の特徴といえば、無駄な力を使わないということでしょう。演武なんかでも、まるでいとも簡単に相手をポンポン投げているように見えるところから、だれもがそこに神秘的なものを感じるようです。

実際、合気道を学んでいる人の演武は、背筋がピンと伸び、肩が落ちて、たいへんきれいな姿勢で行われます。それを見て、様式的だと感じる人もいるようです。確かに、人を投げるというときにだれもが抱くイメージ、つまり体中に力がみなぎり、筋肉がうねって渾身の力を出すというような感じは、まったくありません。

しかし、じつはそこに合気道のいちばん重要な部分があるのです。楽をしているから動きが優雅なのでも、様式美を求めているから姿勢がいいのでもありません。

では、なぜか。それは、大きな力を発揮するには、背筋を伸ばし、肩を落とし、大地をしっかりと足で踏みしめた姿勢のほうが効率がよいからなのです。

逆にいえば、そういう姿勢を維持した体の動かし方から、単なる筋力だけではないもっと威力のある力が生まれてくるからなのです。

合気道が力を使わないなどということはありません。むしろどんどん使っています。ただし、それは普通に考えられているような、体中に力をグッと入れ、筋肉をリキませるところから出てくる力ではないということなのです。

合気道では、そういうふうにして出てくる力のことを、呼吸力とか集中力とか呼んでいます。

呼吸力の特徴は、いくつになっても使えるところにあります。筋力はいくら鍛えても自然に衰えてきますが、呼吸力はそんなことはありません。正しい修練を積み重ねているかぎり、年齢には関係なく、いくらでも発揮することができます。

そのいい例が私です。私は七〇歳をとっくに越えました。小柄ですし、筋肉隆々というわけでもありません。

ところが、そんな私がちょっとやっただけで若い生きのいい連中を投げ飛ばすものですから、皆さんが驚きます。なかには不思議な技を使っているのではないかと思っている方もいるようです。

本当は不思議でもなんでもありません。私は呼吸力を使っているのです。

呼吸力というのは、自分の持っている能力を、最大限に、しかも最も効率よく使うところから生まれる力です。したがって、だれにでも、どんな人にでも呼吸力を使うことはできるのです。

問題は、そのための修練をやるかどうかということでしかありません。

そして、もうひとつ大切なことは、合気道に限らず、呼吸力というものは本来、日本の武道が必ず持っていたものなのです。たとえ呼び名が違っていたとしても、柔道だろうが空手だろうが、その他あらゆる武芸百般が、呼吸力の修練を行っていたのだということです。

それがいつのまにか忘れられていったのです。そこに日本の武道の衰退があったのだと思います。

さて、この章では、合気道の根本を成す呼吸力についてお話ししていきたいと思います。

体の軸を保つ中心力

人間の体というのは、本来すごい力を生み出すようにできているのです。よく火事場の馬鹿力といいますが、あれがいい例です。極限状態で体の機能が無意識に百パーセント活動すると、おばあさんが一人でタンスを担ぐくらいの力を発揮することができるのです。それは全身から生まれる力なのです。

ところが、我々は普段、手を動かすときには腕と肩の筋肉だけに頼り、足を動かすときには脚の筋肉だけに頼りがちです。つまり、部分部分の力しか使っていないのです。これでは筋肉に負担のかかる、効率の悪い力の使い方しかできません。

合気道のいう呼吸力とは、人間が本来持っている、全身から生まれる力を自在に発揮させることなのです。

呼吸力の根本には、中心力があります。中心力というのは、体の中心線をまっすぐに保つ力のことです。

我々は、まっすぐに立てといわれても、たいてい、中心線にゆがみが生じているものです。仮に、まっすぐ立っているときは中心線がしっかりしていても、ちょっと動くと、すぐにそれがゆるんでしまうのです。

合気道では、まず、この軸をしっかりさせるように訓練します。具体的には、頭、腰、爪先を一本の線にするということです。

よく、二ケ条の稽古をしていて、技が効かないときに、後ろから腰を支えてやると、たちまち効いてくるということがあります。これは、動こうとするときにゆるんでしまう中心線を、支えてやるからなのです。これを一人でできるようにしなければ意味がありません。

この中心力を養うためにはどんな訓練をしたらいいのでしょうか。

養神館では構えの稽古を重視していますが、これがじつは、中心力の訓練になっているのです。

構えでは、両手・両足、腰、頭を、一線上に結びます。そして、頭から真下へ一本の垂直な軸を作って、そこに重心を置くのです。

この姿勢を維持するのは、初心者の方にとってはけっこう大変なはずです。初めは自分の重心がどこにあるのかとらえどころがなく、手足に余計な力が入って、ブルブル震えることもあります。しかし、これを稽古することによって、不動の中心線を作り上げ、次にそこから大きな力を生み出すための基本姿勢を身につけるのです。

軸がグラついてしまっては、どんな技も効果を発揮できません。合気道の基本はすべて、この中心線の維持にあるということを、しっかりと覚えていてください。

大地に足をつける

何度も言うように、合気道の根本は中心力にあります。しっかりした軸を作って体を安定させることによって、千変万化の体さばきを可能にし、なおかつ集中力や呼吸力につながる大きな力を生み出すのです。

合気道になぜ蹴り技がないのか、という疑問の答えがここにあります。

植芝先生が言うには、蹴るということは、瞬間的に足が一本になる。その瞬間はとても弱い状態であって、そこを払われたらおしまいだ、と。だから、大地から足を上げるのはもってのほかだと言うのです。

向うが攻めてきても、大地に足がついていれば、引くこともできるし、前にも出られる。片足を上げてしまったら、それができなくなってしまいます。

常に自分を安泰な姿勢に置いておく。これが天地神明の理です。

大地に足を置いておく。それもすり足です。なぜかといえば、重心の移動がデコボコしないようにするためです。

しかし、常に安定した姿勢を取っていられれば、片足になってもかまいません。そうでないと、現実問題として、地面は平らなところばかりじゃないからです。

野外で闘わなければならないとき、畳でやるみたいに足をすっていたのでは、とてもじゃないけど間に合いません。必然的に足を浮かすことになるのですが、要は足を浮かしても、すり足のときと同じように、重心をグラつかせないで動けるかどうかです。

植芝先生はよく、片足立ちになって、私たちにかかって来いと言って稽古していました。どこにでも重心を持っていって、常に安泰なる体勢を作れなければいかんということを、示していたのです。

それくらいできるようになれば、もう足を上げようが、片足で立とうが、関係ありません。しかし、そこに到達するまでは、あくまで大地に足をつけて、しっかり体を支えることを稽古するのです。重心の操作のできない者が、いくら格好だけ先生を真似ても、結局命取りになるだけです。

先生の重心移動を研究

合気道において重心の移動というのは、ことのほか大切なのですが、私はそれを学ぶために、いろいろな試みをしました。

私は幸い、植芝先生のお供をする機会が多かったものですから、そういうときは後ろからついていきながら、先生の足の運びをジッと研究したものです。どこに重心がかかって、それがどう移動しているかということを見るのです。

ところが、これがなかなかわかりにくい。というのは、先生が袴《はかま》をはいているからなのです。「武の極意は膝にあり」というくらいで、昔の達人は自分の体さばきを悟られるのを恐れて、絶対に膝の動きを見せませんでした。だから膝を隠すために袴をはくのです。

先生もそうでしたから、私は目をこらして必死で先生の足の動きを追いました。その結果、私なりにいろんなことがわかったのですが、今の若い人たちで、はたしてここまでやっている人がいるでしょうか。

その他、私が取り組んだものに、金魚の研究がありました。こう書くと皆さんは笑うかもしれませんが、これは私にとってとても重要なことでした。

私は学生のころ、尻尾が三つ又になっている金魚を、十匹くらい金魚鉢に飼っていました。このガラスのふちをポンと叩くと、金魚は一斉にパッと散るんですが、けっしてお互いにぶつかりません。うまくサッと体をかわすのです。

よく見ると、その操作は尻尾でやっています。それで私は、金魚鉢を叩いては尻尾のどこに重心がかかっているのか観察しました。自分でも真似して足を動かしたりもしました。そんなことを十年くらいは続けたと思います。

こういったことが直接、今の私の技に結びついているということはないでしょうが、少くともそうやって私は感覚を磨いていったのです。何事も普通に努力していたのではダメで、全勢力をかけて打ちこまなければものにならないということです。

全身の集中力を養う

さて、中心力は軸を維持する力のことでしたが、それから発展して、動きの中で中心線を維持することによって生まれる大きな力があります。それを集中力と呼びます。

前に出るときの、腰の力、脚の力、膝の力、腹筋の力などを、全部ひとつにまとめて、腕なり肩なり肘なり、どこへでも一点に集中させることによって、大きな力を生み出すわけです。

部分部分の筋肉を鍛えようとか、ここが弱いからここを鍛えようというのは、普通の人の考えることです。

それはそれでひとつのやり方だけれども、合気道で求められるものは、そういうものではありません。肺でも腹筋でも、どこへでもその場においての全勢力をぶつけることにあるのです。

体全体がバラバラに動いたのではこういう力は出ません。中心力によって一本にまとまった体から、そのまま一斉に力を出すのです。どこかが早かったり、どこかが遅れたりしてもいけません。

たとえば、二ヶ条を締めるとします。いちばんいけないのは、手だけで締めようとして、上半身と下半身の動きがバラバラになってしまうことです。最初に二ヶ条の形に持ったときの手と体の間隔が縮まってしまうと、技は効きません。

このとき大切なのは、上半身の固定力です。つまり、肩と脇の固定によって、上半身の姿勢を完全に維持します。そのまま前に出るから、下半身の力が腕に伝わるわけです。

固い鉄の棒で物を押せば動くけれども、フニャフニャのゴムホースで押そうとしても動かないのと同じことで、たわみやゆるみがあると、力が相手に伝わりません。

かといって、筋肉を固めるというのと、固定するのとは違います。力を入れて筋肉を固めてしまったら、結果的にそれらの筋肉がバラバラに動くだけです。力を抜いて、それでもしっかりと形を維持できるようでなくてはいけません。それが固定力です。

この固定力で姿勢を維持したまま前に出ることによって、どこにも遅れのない、全身の一致した動きで大きな力を生み出します。そして、その力を一線上に乗せて伝えることによって、体のどの部分にでも作用させることができるようになるのです。

いわば、集中力とは、中心力の極限だと考えてもいいでしょう。

私が演武でよく見せる、人差し指によるのど突きや、足の親指による甲の踏みつけなどは、みんな集中力なのです。

集中力を生み出すコツは、足の親指にあります。これを鍛えてグッと床にかませます。すると、腰にビーンと力が入って強くなる。このビーンとくる感覚がわかるようにならないといけません。

その力に、今度は膝のバネで加速をつけます。これらの動きが一致すると、技に大きな威力が生まれるのです。

集中力で身を守る

それほど大切な足の親指を鍛えるためには、何よりも座り技の稽古に励むことです。座り技で親指が強化されれば、立ち技がどんどん威力を増してくるはずです。植芝先生も、足の親指はかなり鍛えていました。

以前、プロレスリングの前田日明《あきら》*選手が、二度ほどうちの道場に訪れたときにこの話をしたら、感じるところがあったようで、そのあと膝の屈伸運動（スクワット）をやるときに、親指に力を入れるようにしたと言っていました。

＊前田日明　昭和三四年一月二四日、大阪市に生まれる。新日本プロレスに入団。その後、リングスを設立。世界規模のプロ格闘技ネットワークの実現に着手。

前田選手はプロレスリングのスターですが、エラぶったり強がったりするところが少しもなく、素直な礼儀正しい青年で、私はとても好感を抱きました。

また、回転動作においても、足の親指は重要な役目を果たしています。なぜなら、ここが回転の軸となるからです。

私の場合は、親指の腹です。ここじゃないと体がグラついてしまいます。ここには固いタコができ、削っても削ってもまた盛り上がってきます。つまり、それだけ自分自身の軸が定まっているということです。あっちにもこっちにもタコがあるようでは、まだ軸がグラついているということなのです。

第一章で紹介した様々な技の威力のエピソードは、投げにしても当身にしてもすべて集中力の現れだと言ってもいいでしょう。

体全体の力を一点に集中して爆発させると、そういうふうに通常の筋肉の能力を越えた力を発揮することができるのです。

重心を前に送り出すことによって大きな力を生み出す合気道の動きは、武器を使うときにも応用することができます。

杖で突く場合にしろ、剣で斬りつけたり突いたりする場合にしろ、一気に前に出る力をその武器に乗せることができるかどうかです。

昔のサムライの武術においても、素手の体術の動きがそのまま武器に変化していく例はよく見られます。つまり、体術の基本ができていれば、その手の延長で武器を扱うことも可能になるのです。もっとも、間合などが変わってくるのは言うまでもありません。

少々余談になりますが、ついでに触れておきますと、剣の場合も実戦では突きによる攻撃が重要になります。剣というとすぐに斬ることを思い浮べがちですが、実際には突きができないと話にならないということを、私は植芝先生から教わりました。

大正一三年頃、植芝先生は大本教の出口王仁三郎について蒙古に渡りました。早い話が蒙古進出を狙っていた王仁三郎の用心棒としてお供したのです。そして旅の途中、一行を襲ってくる現地の馬賊と何度も闘いました。

先生は日本刀を振り回して大活躍したらしいのですが、鮮かに相手を斬り捨てることができるのは、最初の二人か三人だけだそうです。

というのは、人間の体の脂肪というのは我々が思っている以上にすごいらしく、それが刀にベッタリとついて、たちまち斬れなくなってしまうのだそうです。

そうなると、あとはもう突きしかありません。ただひたすら突きで敵を倒し続けたということです。だから、時代劇で次から次に人を斬っていくのは、あれはあくまでお芝居の世界の出来事でしかありません。どうしても斬りたいのだったら、後ろに研ぎ師を置いとけ、と植芝先生はおっしゃっていました。

植芝先生のこうした実戦体験が、今の合気道に生かされているわけです。

呼吸力の原理

集中力は、自分の力の出し方でした。そこにさらに、心の問題とリズムが加わって生まれるのが呼吸力なのです。

心の問題とは、即ち無になれということです。気持ちの上での集中力、それも強烈な集中力だと言ってもいいでしょう。

こうしてやろう、ああしてやろうと考えると、人間必ず策におぼれます。そういうものを心から消して、無の境地に達したときに、恐怖心がなくなります。あらゆる不安が消えて、自分自身を完全に信じ切れるようになります。明鏡止水の境地に達するのです。

そうなると、相手の心の動きが読めてきます。どう出てくるかということが、頭でなく肌で感じ取れるのです。いわゆる心眼が働くようになるわけです。

次に大切なことはリズムです。緩急のリズムを自分で作っていくわけです。

リズムといっても、一定の単調なリズムではありません。その場その場における最もふさわしいリズムを取らなければなりません。

このリズムを作るのが、結局、自分自身の呼吸です。吸ったり吐いたりというのを、ただ気まぐれに行うのではなく、その場に応じて吸うべきときに吸い、吐くべきときに吐く。それが結局、リズムを生み出すわけです。リズムが呼吸をととのえるのです。

こういった呼吸やリズムを集中力に乗せる。それらがピタッと一体になって発揮されたときに、本当の呼吸力が生まれるわけです。

それがうまくいったときには、相手が抵抗力を失って、こちらにすべてをまかせるような状態になる。別に相手にそうしようという気はないだろうけれども、そういうふうになってしまう。

協力してくれるような状態に相手を導くのが呼吸力です。そういった意味では、相手の存在なくして呼吸力は出て来ないと言ってもいいでしょう。

呼吸力を発揮するときには、約束事の形などまったく関係がありません。植芝先生が昔、私たちに教えるときに細かい指導を行わず、何をやっても「ああけっこうや、けっこうや」と言っていたのは、つまりそういうことです。そんな形にとらわれるな、というわけなのです。

「それが自分の最高の状態」というのを作り上げることが大切なのです。しかし、なにが「最高の状態」なのか、それを感知するのが難しいのです。

無から生まれる呼吸力

呼吸力というのは、そのための特別な訓練をして身につくようなものではありません。日々の合気道の技の稽古がそのまま呼吸力の訓練になっているのです。

そういった地道な稽古を積み重ねるうちに、あるとき、何かの拍子で心技体が一致したときに、突然できるのです。できるというより、知らないうちにできたと言った方がよいでしょう。

このままでは命を失う、というようなときに、フッと出て来るのです。そういう意味では、極限状態を体験することが呼吸力を生み出すきっかけになるのかもしれません。

とっさのときに、アレっと思ったら相手が倒れているわけです。自分でもどうしたのかわからないから、ビックリしました。あとで考えてみても、どうやったのかはっきりとは思い出せません。

呼吸力とはそういうものです。やろうと思ってやれるものじゃない。意識してしまったらダメなのです。自然にいかなければならない。こうやってやろう、ああやってやろうという策におぼれてはダメなのであって、無策の策でいくという、これがなかなか難しい。

一回やったからといって、すぐにまたできるわけではありません。しばらくできなくて、また忘れたころに、なにげなくふとできる。そうやって千回、二千回と稽古を積み重ねていくうちに、点が線になる。そして、いつの間にか、いつでも思いどおりに、呼吸力を使えるようになっていたというわけです。

呼吸力が出た瞬間というのは、歓喜というか、嬉しさというか、パラダイスというか、そういうものがいっしょになった、とてつもなく素晴らしい心持ちです。

スーッとなるというのか、しかし、それは貧血みたいなものとは違って、なんともいえない快適さがあります。ああいう気持ちは、日常普通に生きているだけでは、なかなか味わえないものだと思います。

そのときには、一切の我がなくなっているのです。よく道場の研修会や黒帯会で私は技を披露していますが、あのときの私の状態というのは、なんにも無いのです。

文字どおりの無。相手に抵抗しようなどという気持ちはまったくありません。自分も無く相手も無い。全部自分の五体と思うくらいになるのです。

だから、自分の手を動かせば、そっちに人は行く。逆に動かせば逆にいく。みんな自分について来る。なぜそうなるのか、私にも理屈はわかりません。しかし、本当の無になることで、人間はそういうことができるのです。

それは、教えろと言われても教えられることではありません。自分でつかまえるしかない感覚なのです。

みなさんは合気道の技についてよく研究されています。しかし、研究だけで終わってしまう人が多いのは残念です。

いくら研究し、努力しても、それだけでは割り出せないことがあるのです。頭で考えたことにはすでに濁りが生じています。せっかくいいものを感じても、そこに自分の考えを持ちこむことで、ピュアではなくなってしまうのです。

究極は、自然にわが内に宿らせることです。自分の肌を通して知るということが大切なのです。

植芝先生の言っていた、「自然と一体になる」という意味が、私には、今になってようやくわかってきたような気がします。

どっちが早いかが問題だ

ところで、集中力や呼吸力を発揮するうえで、スピードというのはどのようにとらえられるのかということをお話ししましょう。

まず、自分自身の動きが早いということ。これは当然の話で、動くのが遅いよりは早いほうがいいにきまっています。

しかし、ただ自分の動きだけがやみくもに早ければいいというのではありません。自分においては、早いとか遅いとかの観念はなくならなければいけない。早くしようとか遅くしようとかの考えはないわけです。

相手の気（機）に合わせるということで、早くもなり、遅くもなります。相手の気と合わなければ意味がないのです。

植芝先生の言う〝自然なる動き〟というのは、そこにあります。合気道におけるスピードというのは、あくまでも相手との相対的な関係において問われるのです。

また、植芝先生は、相手と立ち合う上で「どっちが早いか問題だ」とおっしゃっていましたが、これも同じことです。

たとえば、相手が向かってくるとき、こちらもそれに対してぶつかっていってはいけないのであって、パッと体をかわす。すると、相手はこっちの前を通過していくわけだから、結果としてこっちの方が先手を取ったことになります。つまり、こっちが早かったわけです。

逆に相手が遅いときは、こっちから進んだらはずされてしまうから、まず相手を迎えて誘いをかける。そして向こうが出てこようとした瞬間に、機先を制してこちらが入る。そうすればこちらの方が早くなります。

この誘いと体の開きが、植芝先生は大変うまかった。そんなに動かないで、ただ少し体を開くだけでも、完全に相手に合わせているから、やられた方にしてみれば「先生は早い」と感じるわけです。

逆に、相手がゆっくり来たときは、ヒョイと誘いをかける。なんかヒラヒラと手を上げたりすると、こっちはその手に神経がいく。それをパッとおろされるから、つい乗ってしまって、それに向かっていったところを、やられてしまうのです。そのときは、こっちが突っこんでいくものだから、相手がちょっと動いただけで、すごい早さに感じるわけです。

こうなると、まさに相手を赤子同然にもてあそぶことができます。たとえば、相手が大男の天龍＊さんであっても、先生はなんの苦もなく、木の葉のように吹っ飛ばしていました。

＊天龍　本名・和久田三郎。明治三六年、静岡県浜松市に生まれる。昭和初期の人気力士だったが、相撲協会に対して改革運動を起こし、その後、満州国武道界常務理事となる。、植芝盛平の技に感服し、昭和一四年に入門した。平成二年没。享年八六歳。

そのときの心持ちがどんなものか、先生に訊いたことがありました。天龍さんは六尺三寸、それに対して先生は五尺一分。ところが先生は、天龍さんと対したときに、ちっとも大きいとは思わんというのです。はるか下に天龍さんを見下ろしている気がして、手の平に乗ったらそのまま握りつぶしてしまえばいいじゃないか、という感じがするのだそうです。

これは結局、相手に対しての気持ちの操作が大切なんだと、先生はおっしゃっていました。力ばかりでなく、気持ちをはずすということも大切なのです。

相手が猛《たけ》りたったときにぶつかっては損なわけで、植芝先生が言うには、相手が戦意を喪失してしまって、こちらの意のままに懐に飛びこんで来るようにしてあげれば、あとは思うがままに扱える、ということでした。

天龍さんと私は仲がよくて、よくいっしょに遊んでいたのですが、そんなとき彼は、「あの先生は、ちょっと不可思議だよ。こっちが力を入れようとしても抜かれちゃうんだから」と、よく首を傾げていました。あの巨体の持ち主と充分に稽古できたのは、やはり植芝先生しかいませんでした。

気とはバランスの結集

合気道では、気という言葉をよく使います。この頃では、皆さんなにかというとすぐに気を持ち出して、神秘的にしてしまうのですが、合気道でいう気とは、触れずに人を投げ飛ばすといったものとは、ちょっと違うのです。

私は、気とは〝バランスの結集〟だと考えています。正しい姿勢と呼吸、それに集中力から生まれる爆発力。中心線の力もそうだし、タイミングも気の中に入れていいと思います。

つまり、合気道では、自分と相手の間で生じるすべてのことを、気としてとらえているのです。気を合わせるというのはつまりそういうことで、単に気持ちの問題だけではなく、すべての要素を一致させるということなのです。

気を合わせることによって発揮される力が呼吸力だと言ってもいいでしょう。

相手と気が通じるという感覚は確かにあります。たとえば相手につかまれたとき、うまくやればこれが離れなくなる。見ているほうは、なんださっさと離せばいいのにと思うのですが、相手の気持ちをうまく把握することによって、勝手につかんだままいてくれるようになるのです。

それには敵対心があってはいけません。自分の気持ちを相手の気持ちと合わせるのです。すると相手の力の流れと気持ちの流れが見えてきます。その方向にこちらが誘導してやれば、相手は自分の行きたい方向に導かれるわけですから、逆らう気もなくついてくるわけです。呼吸力のところで説明した、相手が協力してくれるというのはこういうことなのです。

こうやって倒されても、相手には力で無理矢理ねじふせられたという感じがありませんから、こちらを憎む気持ちなどは生まれません。実際、私が植芝先生の受けを取って、ポンポン投げ飛ばされても、少しも先生に対して反抗心というものは沸かないのです。それどころか、こんな素晴らしい技をかけていただいてありがたい、という感謝の気持ちさえ抱くようになってきます。

相手と気持ちがひとつになっているから、こういうことも起こるわけです。

合気道の場合、相手を痛めつけて降参させるのは初歩の初歩です。それでは勝負に勝っても相手に憎まれてしまう。

「対すれば相和す」という言葉のとおり、相手と気持ちを合わせて、自然に気持ちよく降参してもらうのが合気道の理想なのです。

これがつまり、気を合わせる、即ち合気ということです。

弱いところに流れをつくる

先ほど少し触れました、力の流れを知るということについて、もう少し詳しく説明したいと思います。

道場の研修会や黒帯会などで、お互いに技をかけ合っているとき、私がちょっと力の方向を変えるだけで、それまでかからなかった技がかかってしまうのをごらんになった方もいらっしゃると思います。そういうとき、私には、力の流れが見えているのです。それも感じではなくて、はっきりと見えるのです。まず、ポイントはその人の目付きです。それから体勢がどうなっているか、足の重心がどこにあるか、というようなことを見て取るわけです。

こういうのはジッと見ていてもダメなのです。すべてを総合的にパッと見取らなければなりません。それができないと、二ケ条などを完全にきめることはできません。ただ手首だけをギュウギュウひねろうとしてもダメなのです。

植芝先生の二ケ条は、やられた我々には痛いという感じはありませんでした。しかし、知らないうちに、カクーンと崩されるのです。手首の痛さではなくて、力が全部、腰と膝にくる感じでした。

合気道の技は、本来、こんなふうに効かさなければなりません。腰と膝に効いて立っていられなくなるのが、本当の効き方なのです。

それは結局、力をそういう方向に流しているからです。人間の体とは不思議なもので、いくら力を入れて反発していても、必ずどこかに弱いところがあるもので、その方向へ力を流してやると、膝が抜けてしまうのです。

しかし、ほとんどの人が、その方向を見て取ることができず、流れを作れないから技が効きません。一所懸命に力を加えても、それがたいてい、相手のいちばん強い力の方向にぶつかってしまっているのです。

では、どうやったら力の流れが見えるようになるか、と問われても、これまた稽古の積み重ねでそういう感覚を磨いていくとしか答えようがありません。

とにかくこれも、我を出さないことです。素直な目で相手を見ることができれば、どういうふうに力が流れているかが見えてくるのです。

極意は力を抜くこと

力の出し方について説明してきましたが、合気道でもうひとつ大切なことは、力を抜くということです。相手が力をこめて、こちらをつかんできたときに、こちらは逆に力を抜いてしまうのです。こう書くと簡単なようですが、実際に力を抜くというのは、とても難しいことです。これは、私が植芝先生から授かった、ひとつの大きな極意でもあるのです。

力を抜けといわれて、ただ単にダラッと抜いてしまったのでは、たちまち相手に抑えつけられてしまいます。そういうことではないのです。

先ほどから繰り返し説明している中心線、それはあくまでも生かしておかなければなりません。ビシッと体に一本筋を通した上で、なおかつ力を抜く。そして、相手の力を自分のほうに乗せてしまうのです。

このとき少しでも反発する気持ちがあってはダメです。完全に力を抜いて、相手の持ちたいままにさせておく。そうすると、どういうわけか、相手は力を入れても入れても、その力が抜けてしまって、とらえどころを失ってしまうのです。

そのような状態で、こちらがしゃがめば相手もしゃがむし、こちらが手を動かせば、相手はそれについて来ます。

合気道の行きつくところはここです。技とかなんとかではなく、この力の抜き方ができないと、本当に体力差のある相手とは立ち合えないのです。

逆に、こちらから攻めて、相手が力を抜いたときに、それに乗っかるという手もあります。相手は力を抜いているわけですから、そこにこっちが乗っかれば強くなるわけです。これを、私は一度、植芝先生にやって、誉められたことがありました。

ただし、それは先生が指導しているときでした。私が四ヶ条を先生にかけ、その説明を先生がしていたのです。

私が強く手首を握っても、先生は力を抜いて、ブラブラしています。そして、「もっと力を入れろ、それくらいしか力ないのか」と私をたきつけます。

指導の最中ではありましたが、私はこのチャンスに先生に技をかけてやろうと思いました。こっちにすれば、勝負を挑むつもりだったのです。

私は言われるままに、四ヶ条の手にグッと力を入れるふりをしました。すると、案の定、先生がいっぺんに力を抜いたのです。そこへサッとこっちから乗っかったら、先生はコトンとひっくり返ってしまいました。

「そんなバカな」

という顔をして私を見上げる先生を見て、私は一本取ったと、得意満面でした。あとになって先生は、さっきの技は見事だったと、誉めてくださいました。

こういうふうに、こちらがゼロになって相手の力を乗せるか、あるいは相手の抜く力にこちらが乗るかという掛け引きで、勝負が決することもあるのです。

何度も繰り返しますが、技には限界があります。合気道の技がいくら上達しても、じゃあどんな相手にでも技が効くかといったら、そうそううまくはいきません。

ですから、最終的には力の抜き方を覚えなくてはいけないのです。抜いた力に乗るということ、これができれば、もはや技があって技がなくなります。こうなったとき、本当の自信がみずからの内に沸き起こってくるのです。

第四章 修行

理合にのっとった稽古

合気道の修行に取り組むきっかけは、人それぞれだと思います。武道を極めるため。健康法として。美容のため。演武の華麗さに憧れて。ストレス解消のため。ハンディを克服するため。他の武道をやっている人が研究のために入門する場合もあるでしょう。なんでもいいのです。合気道の稽古は、やり方ひとつで、どんな目的にも応えることができるようになっています。それだけの懐の広さを合気道は持っているのです。

ただし、ひとつだけ間違ってはならないのは、合気道本来の理合にのっとった稽古をしなければならない、ということです。

ここがおろそかになると、せっかくの稽古の効果をあげることができませんし、合気道の醍醐味は永久に味わえなくなります。本人は合気道をやっているつもりでも、実際は全然違うものになっていた、ということもあるわけです。

では、どういうふうに稽古に取り組んだらいいのかを、私の経験からお話ししてみたいと思います。早いもので、私が植芝道場に入門してから、六〇年になろうとしています。その間の私の修行の過程を知っていただくことは、きっと皆さんにとって大いに参考になることでしょう。

柔道選手として活躍

合気道を始める以前、私は柔道をやっていました。それも、自宅に養神館という道場があったことから、稽古への取り組み方は人一倍熱心でした。

一度、四谷署の巡査たちをうちの道場に招いて、対抗試合を行ったことがありました。私はそのとき中学三年生でしたが、試合に出させてもらえることになりました。

警察柔道というのは、荒っぽいし堅いのです。力を目一杯いれて、ガチガチの試合をします。この迫力に、一般の人たちはたいてい圧倒されてしまうわけです。

私が出て行ったところ、チビだしまだ子供だと思って相手の選手もみくびったようでした。こちらにとっては、そこがつけめです。

小柄な分、私にはスピードがあります。ガンガン動けば、相手との体格差を充分に補うことができます。向うが勝手が違うと思ったときには、私の技がきまっていました。

こんな調子で勝ち続け、十二人ずつの対抗戦でやったのですが、私は五人を抜くことができました。六人目に負けたわけですが、なにしろ相手は大人のオマワリさんなので、大いに自信がつきました。

当時の私の得意技は背負投げです。といっても普通のものではありません。

まず、ごまかしに相手の股の間へこちらから足を突っこみます。これを勢いよく飛びこみながらやると、だれもが必ず反射的によけようとします。そこを背負うのです。これにはみんな面白いようにひっかかりました。

今にして思えば、この戦法には、後に合気道で身につける〝誘い〟の要素が含まれていたかもしれません。

また、もうひとつの得意技は送り襟絞めでした。この技で何度か相手を落としたこともあります。ただし、どちらかといえば私は立ち技が得意でしたので、たいていは投げて一本を取っていました。

大会ではいつも大活躍です。学校の学級対抗戦で、先鋒で出た私が相手チーム全員を総ナメにして勝ったこともあります。段位は結局、三段までいただきました。

とまあ、こんな感じで私は自分の柔道の腕前にかなりの自信を持っていたわけです。天狗になっていたところもあるかもしれません。

柔道の試合以外でも、私は熱血漢ぶりを発揮することがたびたびありました。本人としては義憤に駆られて行動しているつもりだったのですが、周囲の人たちにしてみればハラハラのしどおしだったのでしょう。

あるとき、通っていた中学の阿部宗孝先生に、

「合気術というのがあるそうだが、興味はあるか」

と言われて、見に行くことになりました。これが植芝道場を訪ねることになったきっかけです。

今にして思えば、これは勇ましすぎる私の鼻っ柱をくじいて、少しでも大人しくさせようという阿部先生の考えがあったのかもしれません。

植芝先生に投げられる

昭和七年五月二三日、私は阿部先生に連れられて、植芝道場を訪ねました。時間は朝の五時です。植芝道場の稽古はそんな早い時間から行われるのです。

稽古を見て私はあきれました。一人の壮年の先生に若い弟子たちが次々にかかっていっては、いとも簡単に投げられ、抑えられてしまいます。

こんなものインチキに決まっている、と私は腹の中でせせら笑いました。今でも初めて合気道を見た人が抱くのと同じ感想を、そのとき私も抱いたわけです。

稽古がひと通りすんだあと、頭を丸く刈り上げて口ヒゲをたくわえたくだんの先生――つまり植芝先生が「やりませんか」と私に声をかけてきました。望むところです。私はインチキ武術家の化けの皮をはがしてやるつもりで道場の中央に進み出ました。

「どうやってもいいですか」

と訊くと、

「構わない」

と先生が答えます。

このとき私に見る目があれば、自分の向い合っている相手の目がただならぬ光を発し、全身から本物の武道家のみが持つつけこむ隙のない気配を漂わせていることに気づいたはずでした。

しかし、「自分が一番強い」と思っている私の目にはそれがわかりませんでした。それどころか、相手が小柄な私よりさらに小柄であることで油断が生じていました。

私は考えました。向うはこっちが柔道をやっていることを知っているはずだ。ということはこっちがつかみに行くと思っているだろうから、その裏をかいてやろう……。

私は植芝先生につかみに行くふりをして、いきなり足で蹴り上げました。

その瞬間です。先生の手が私の足の内側に触れたような気がしたとたん、天地がひっくり返って私は何がなんだかわからなくなりました。

クラクラする頭を抑えながら身を起こしたとき、私は初めて自分が投げられたことに気づいたのです。

植芝先生に投げられたことが、私にはたいへん悔しくもあり、しかしそれ以上に大きな感動でもありました。

腕っぷしに自信のあった私が、小さな老人にわけもわからず宙に舞わされたのです。小説や講談の中にしかありえないと思っていた武道の妙技が存在するのです。そして、それを身につけた本物の達人が実在するのです。

もう、いてもたってもいられません。私はさっそく植芝道場に入門しました。

柔道と合気道の違い

入門して戸惑ったのは、柔道の動きがまったく役に立たないということでした。

私は、たとえ植芝先生に感服したとはいえ、そこにはやはり、柔道をやってきた自信がありますので、なんとかなるだろうと簡単に考えていたのですが、大きな間違いでした。

「今までやってきたことは、すべて忘れろ」

植芝先生はそう言いました。

確かに、柔道のクセがいつまでも残っていると、合気道を身につける上でかえって邪魔になる場合が多いのです。

その一例が力の使い方です。

ご存じのように、柔道は引く力を主に鍛えます。それに対して合気道は、主に前に出す力によって成り立っています。力の使い方が違うということは、やっている技が一見同じように見えても、根本的にその作用が異なるということです。

その違いを克服するまでが大変でした。今、柔道から合気道へ転向した人も、同じ戸惑いを覚えているかもしれません。

ちょうどよいので、ここで柔道のことについても少し触れてみたいと思います。

柔道と合気道とでは、想定する間合や、さっきも言った力の使い方など、いろんな違いはありますが、では、まったく共通点がないかというと、そんなことはありません。円運動を極意とする点ではどちらも同じです。

柔道における円の動きの実践者となれば、三船久蔵*先生を忘れてはならないでしょう。

* 三船久蔵　明治一六年に生まれる。空気投げ（隅落し）で一世を風靡し、名人と呼ばれた柔道家。円の動きとタイミングを極めた妙技の数々は、加納治五郎の理想とした柔道本来の姿を極めたものといえる。講道館の最高位十段を授かる。昭和四〇年没。享年八一歳。

現在残っている貴重なフィルムで三船先生の技を見ますと、我々が普段、いろんな選手権試合などで目にする柔道とは、異質の動きをしていることに気がつきます。

相手の力に逆らわず、クルリクルリと風のようになめらかな円の動きで敵の攻撃を避け、ここぞというときに切れ味鋭い技で一気に投げます。ぶつかり合うということがないのです。

この極意を、先生は「押さば引け、引かば回れ」と説いています。今でも柔道界ではよく使われている言葉のひとつではないでしょうか。

また、「円は無限である」とも説かれています。まっすぐな動きというのは、崖っ淵に追いこまれたら、そのまま落っこちてしまいます。しかし、円運動ならそういうことはない。崖っ淵まで行っても、クルりと回れば落ちないで動き続けることができます。だから無限なのです。

これはまさに、合気道の体さばきの極意とまったくいっしょです。

三船先生といえば、音に聞こえた空気投げという得意技があります。これはなにも、手を触れずに投げるといった神秘的なものではなく、相手と密着せずに体さばきだけで力の流れを変えて投げてしまうきわめて高度な技なのですが、その呼吸は合気道の呼吸投げと共通します。相撲の呼び戻しなども同じだと言っていいでしょう。

このように、円運動によって相手の力の方向を変えることにより、自分の力をあまり用いずに投げる方法は、なにも合気道の専売特許ではありません。もともとどんな武道でもひとつのコツとしてやっていることなのです。

ただ他の武道では、ルールによって闘い方を制限されるスポーツ的な試合が中心になってきたために、ぶつかり合う動きが多くなってしまい、一瞬のタイミングできめるこういう技に取り組もうという発想がなくなってしまったのでしょう。その点、合気道は試合に縛られることがありませんので、武道本来の体さばきをじっくりと学ぶことができます。

そういう意味では、他の武道をやっている人が、体さばきの訓練のために合気道に入門してみるのも、けっして無駄ではないと思います。

実際、ずいぶん前になりますが、T大学の柔道選手が数人、うちの道場で合気道を学んだことがありました。その人たちは柔道でもすでにかなりの腕前だったのですが、勉強のためにと入門したのです。

しばらく稽古に励んでから彼らは柔道の試合に出場したのですが、あとになって報告を受けたところでは、合気道で学んだことがずいぶん役に立ったそうです。

なかでも一人の選手は、相手を前に出しておいて入身投げで投げ、きれいに一本を取ったそうです。ただし、柔道に入身投げはありませんので、審判も困って、決まり手が変型の内股だか払い腰だかになってしまったと、その選手は苦笑していました。

合気道との交流によって、柔道に「柔よく剛を制す」や「小よく大を制す」の精神が復活すれば、それもまた面白いことではないかと私は考えています。

また、「護身術として見た場合、当身を放棄した現代柔道は合気道に学ぶべきところが大いにある」とは、私の友人でもある木村政彦氏の言う言葉です。彼は数々の修羅場を経験した本物の武人の一人であるだけに、実戦における当身の重要性をよく知っていたようです。

スポーツ武道ではなかなか学びえない武道のエッセンスを知るためにも、柔道家が合気道をかじってみることを、さしでがましいようですが、私は大いに歓迎します。

松濤館で合気道を指導

柔道の話が出たところで、せっかくですから空手についてもお話ししておきましょう。

私も空手界とは無縁なわけではありません。というのは、今は亡くなられた松濤館の中山正敏*さんと、生前、親しくお付き合いさせていただいていたからです。

＊中山正敏　大正二年に生まれる。松濤館空手の船越義珍に師事し、㈳日本空手協会の設立に尽力する。生前は日空協主席師範九段。伝統派空手の論理的な技術分析には定評がある。昭和六二年没。享年七四歳。

中山さんは空手本来の武道としての理合を大切にされていた方で、スポーツ的な試合ばかりが盛んになったり、板やレンガを割るデモンストレーションが盛んになることを憂いていました。そういうことから、合気道の理合にも理解を示していただけたのです。

「拳を鍛えているやつなんか、あまりたいしたことない。わりと手のスルッとしたやつのほうが、技を効かせることができる」

そうおっしゃっていたのが印象的でした。これはつまり、固い物を叩いて拳をわざわざ鍛えるよりは、タイミングや体さばきなど、空手本来の理合を修練したほうが強くなれる、という意味だと思います。

中山さんは、外人空手家の成長を脅威に感じていました。外人はリーチも長いし、上半身の力も凄い。だから、彼らが突いてくると、受けたと思っても割りこまれて当たってしまうんだそうです。

空手もスポーツ的になって、若い人が試合のための稽古しかしなくなった。つまり、ルールの中の相手と対等にぶつかり合う動きしかできなくなった。そうすると、柔道と同じで、日本人はいまに空手も体力に優れる外人にやられてしまうのじゃないか。中山さんはそのような心配をしていました。

そこで、これからの指導のポイントは、体さばきにあると思ったのでしょう、中山さんは私のところへ、「指導者に合気道の体さばきを教えてくれ」と依頼してきたのです。私はそれに応え、一ヶ月くらい松濤館で指導を行いました。

そのときの合気道の稽古に参加した方の一人に、今は国際松濤館館長となっている金澤弘和*さんがいました。彼は当時から空手では有名な強豪だったのですが、合気道の上達も人一倍でした。稽古熱心な方で、そのうち養神館の道場にも入門したくらいです。

＊ 金澤弘和　昭和六年に生まれる。昭和三二年、第一回全国空手道選手権大会組手の部優勝。昭和五二年、日本空手協会より独立して国際松濤館空手連盟を設立。

私が例の突きの返しをやってみせると、「どうしてそんな力が出るんですか」と驚いていましたから、「俺の力じゃない。あんたの力だ」と言ったら、しきりに感心していました。また、「蹴りを強くするなら座り技*をやって、腰と膝の力をつけなさい」と、彼にアドバイスしたこともあります。

＊ 座り技　合気道の源流である大東流合気柔術には、会津藩の殿中武術だった御式内（おしきうち）が取り入れられている。そのため、昔の武士の生活様式を偲ばせる座り技や半身半立（はんみはんだち）の技法が、合気道にも受け継がれている。稽古において座り技は強靭な足腰の養成に効果がある。座り技を充分に鍛練すれば、立ち技は容易である。

この金澤さんにしろ、中山さんにしろ、空手だの合気道だのにこだわらず、学ぶべきものが相手にあると思ったら、純粋な気持ちでそれを取り入れようとします。そこが素晴らしいと私は思うのです。

剣道に生かす合気道

現在、うちの道場にも、空手をやりながら入門して来る人がいます。うちではべつに道着の種類を強制するようなことはしませんので、彼等はよく胸に空手の流派名のついた道着のまま稽古していることもあるのですが、稽古への取り組み方はいたって真面目です。

もしかしたらその人は空手では有段者かもしれませんが、うちに来るときは心を真っ白にして、白帯をしめて合気道を学んでいます。学ぶということに対してそういう素直な気持ちがある限り、その人はきっと、何をやっても伸びていくにちがいないと私は信じています。

続いて剣道の話もしておきましょう。

合気道は剣の理合を体で表したもの、といわれるくらいですから、剣道とは切っても切れない縁があります。

ちなみにこの、「剣の理合を体で表す」とはどういうことかというと、合気道は柔道のように組んでからどうしようというのではなく、相手と接する一瞬に、タイミングと体さばきをもって相手を制す武道です。それはまさに、剣の理合そのものなのです。

また、剣を操るには力だけではできません。力を刃に乗せるための体の使い方が大切なのですが、これもまた、合気道における力の使い方と同じです。

そういうことから、合気道では体術と剣を同時に学びます。体術ができれば剣もできる。そして杖もできます。理合の根本はすべて同じなのです。

植芝先生自身、剣の達人でもありました。鹿島新当流や柳生新陰流などを学んだと聞いていますが、合気道の完成とともに、剣も独自の境地に達していたのです。

昔、羽賀という剣術家がいました。あちこちで道場破りを行って、絶対に負けないという評判でした。当時は羽賀剣法と呼ばれて、ずいぶん恐れられていたものです。

その人が、植芝道場に道場破りに来ました。植芝先生は、全然気負うこともなく受けて立ちました。先生が何気なく木剣を構えたのですが、羽賀さんは全然、手が出ない。油汗を流してただ立ちすくんでいるだけです。

すると先生は、

「なんだ羽賀さん、ここや、ここや」

と言って、動けない羽賀さんをポコポコ殴るのです。相手はすっかり抵抗力を奪われてしまったのです。

それですっかり羽賀さんは植芝先生に心酔してしまい、そのあと入門して、しばらくは熱心に合気道を稽古していました。

また、こんなこともありました。大阪の剣道の先生を、とある警察署の道場に集めて剣の講習を行ったときのことです。そういう講習は、当時、週に一回、七ヶ月くらい行っていました。

相手は名のある先生方ばかりですから、我々ではとても指導できません。植芝先生が直接指導を行うわけです。

そのとき、防具をつけたのでは本当の剣はわからん、ということで防具をつけず、そのかわり袋竹刀で稽古しました。袋竹刀は、自転車のチューブの中にしんを入れ、ポンプで空気を入れた、とても堅いものでした。

あるとき先生は、七人の相手に袋竹刀を持たせ、自分は素手で立合いました。ところがこれがじつに余裕しゃくしゃくなのです。「スキだらけじゃないの」と言って足を叩いたり、「本気でやってんのか」などと言いながら、ポコポコと七人の相手を殴っていくのです。七人の先生の袋竹刀は、ただの一度も、植芝先生に触れることすらできませんでした。

ところがこれにはおまけがありました。植芝先生が袋竹刀を素手で弾いたのです。すると、中からポーンとチューブが出て、それがパチーンと割れてしまったのです。これには私はもちろんのこと、居合わせた人たちもみんな、ビックリしていました。

こんなふうに、合気道の体さばきは、そのまま剣にも応用できます。それだからこそ、植芝先生のように無手による剣取りのさばきもできるのです。

合気道を剣に生かしたという意味では、なんといっても中倉清*さんを忘れるわけにはいきません。

＊中倉清　明治四三年生まれ。剣聖・中山博通に師事した後、昭和七年に植芝盛平の養子となる。合気道の後継者と目されていたが、後に離縁。数々の剣道大会を制し、当代最高の剣術家と称えられた。

中倉さんは一時、植芝先生の養子になって合気道を修行していたのですが、いろんな事情があったようで、やがて植芝家を離れ、剣道のほうで日本一になりました。

その剣は今でも第一人者で、若い者なんか傍にも寄れないといいます。それはなぜか。「やっぱり親父のおかげだ」と、中倉さんは語っていました。

あの人の得意なのは横面です。それも、右で打つふりをして左に持ち替えて打つのです。相手はよけようとしたのと反対から竹刀が来るので、みんな取られてしまう。

そのヒントを教えてくれたのが、植芝先生でした。「もっと柔軟になれ」と先生に言われたことから、この戦法が生まれたのだそうです。

合気道では左右の技を同じように稽古します。だから、合気道を稽古していたおかげで中倉さんは左右を均等に使いこなすことができたのです。

最近の剣道は、右構え一辺倒の単調な打ち合いになって、左右の変化があまり見られません。それもスポーツ化の影響でしょう。

古来の武術にのっとり、真剣を想定した合気道の体さばきは、剣道を学ぶ人にとっても大いに参考になるはずです。

覚えて忘れる稽古

植芝先生の教え方は、現在の指導法とずいぶん違っていました。

その日稽古する技を、まず先生がやってみせるのですが、ただ手本の動きを見せてくれるだけで、言葉による説明はまったくないのです。何をどうやれというふうには、けっして教えてくれません。

私たちは見様見真似でその技に取り組むのですが、どんな格好でやっていても、先生は横で
「ああ、けっこうや、けっこうや」

と言うだけです。何がけっこうなのか自分ではわかりませんから、とっても困りました。

不親切といえば不親切な教え方ですが、もともと先生は、武道とはそういうものだと考えていらしたようです。

先生がいつも口にする言葉に、「覚えて忘れろ」というのがありました。

たとえば、相手が正面を打ってきたのを四方投げで投げるとします。一度目にやってみてうまくいくと、次にもそれと同じように技をかけようとするものです。ところが、相手の体の位置や勢い、力の出し方は、最初のときと微妙に変わっています。なのに最初とまったく同じ動きをしようとすれば、無理が生じることになります。

相手の状態の変化に応じて、こちらの体の動きも、その場に最もふさわしく変化していくのが本当なのです。

ひとつの出来事というのは、その一瞬にしか存在しません。まったく同じことは二度と起こらないの

です。その一瞬一瞬をつかまえて最もふさわしい対処をすれば、すべてはうまくいきます。

「それをつかまえられないようじゃ、武術はできん」

と、先生は常々おっしゃっていました。

つまり「覚えて忘れろ」というのは、前がこうだったから次もそうしようというのではなく、そういうこだわりを一度すべて忘れ、まったく新しい状況に対処するつもりで技に取り組めということなのです。

そして、手順ではなく、〝一瞬をつかまえる〟感覚を身につけていけというわけです。

ですから本当は、今やっているみたいに、足をこの位置に持っていって、手はこの位置に、などと細かく手順をきめていくのは、武道の本質から離れているとも言えるのです。

しかし、私も今でこそ、こういうふうに植芝先生が言わんとしたことを理解できるようになりましたが、当時は何が正しくて何が間違っているのかわからず、チンプンカンプンなまま、稽古を続けるしかありませんでした。

これでは、本当に素質のある人しか、先生の武道の本質を身につけることができません。植芝道場においては、できる人はできるのですが、できない人はまったくできないという状態でした。

昔の武道はそれでよかったのです。しかし、今は時代も変わって、多くの人たちにもっとわかりやすい形で合気道を学んでいただかなくてはなりません。おまけに、最近の人たちは理詰めで物事を考えますから、指導法もそれに従って変えていく必要があります。いつまでも〝天地と一体になる〟と言っているだけでは、納得してもらえないのです。

私の指導法が植芝先生と違って、基本をカッチリと定めているのは、そういう理由からなのです。

その場その場の変化を感知する

植芝先生の受けをいつも取り続けて、気がついたことがもうひとつあります。見ている方には、先生の技はいつも同じように見えたかもしれませんが、実際には、そうではありません。体さばきの動き方だとか、もう一度来いとこちらに示すときの所作だとか、ほとんど毎日違うのです。

これは人間だから当たり前で、先生だってその日の気分によって、技も動きも力の使い方も変化します。たとえば前の日に奥さんとケンカしたりすると、明くる日の演武は全然違う。自分が怒鳴りつけたのか、謝ったのかでも、また違うのです。

そういうことに気がつかなくて、毎度毎度、一本調子でかかっていったのでは、いい受けはできません。先生の変化を敏感に察知して、それについていけるように、自分も追っかけていかないと、務まらないわけです。

つまり、一人の人間の中にも、様々な変化があるわけで、相手が同じ人だからといって、いつも同じようにやっていたのでは、技は効きません。ましてや、人が違えばまたそれだけ変わるわけですから、その一瞬一瞬に対応できなければ、本当の技ではないということです。

そのことに気づいてから、私は稽古にひとつの工夫を加えました。それは、稽古相手を毎日変えていくことです。同じ人とは二度と組まないということを心掛けました。

もちろん、道場生の数には限りがあるわけですから、しばらくしたらまた同じ人と当たることにもなるのですが、それでも二回続けて同じ人と稽古するようなことは絶対にありませんでした。そうやって、道場生のあらゆる人と、だれとでも稽古して、力の作用の違いを肌で探知する研究を行ったのです。

普通はたいがい、自分のやりやすい相手とか、仲良くなった人とばかり、組むものです。だから、技がいつも同じになってしまう。同じ骨格、同じクセしかわからないから、相手が変わると、技が効かないというようなことになるのです。それでは自分が少しも伸びません。

どんどんいろんな人の手首を握ることです。そして、一瞬一瞬の力の作用の違いを、肌で感じることです。そうやって力の探知力を高めていくことによって、どんな場合にも応じた技の効かせ方ができるようになるのですから。

それに関連して言えば、変化するのは人だけでなく、場所も同じです。たとえば、植芝先生が調子に乗っているときには、コンクリートの上で受けを取らされたこともありました。畳の上だけでなく、どこでもできなきゃダメだ、と言うのです。

コンクリートでいつものような受身をとった日には大変です。そこで私は、やられてもいいという覚悟で、ガーッと前に出て行きました。すると先生のほうは、パッとよけます。それに乗って転がってしまうと、比較的楽なのです。

ところが、そのときいっしょに受けを取った兄弟子は、いつもと同じように思いきり技を受けてしまい、肩の骨が砕けてしまったのです。

だからそういう場合場合において、変化にきちんと対処できる自分を、作っておかないといけないわけです。

若いころの肉体の鍛錬

合気道では無駄な力を使わずに稽古を行うことが原則となっています。他の格闘技のように筋力そのものを鍛える稽古というのは、特には行わないわけです。

まったく筋力の鍛錬を行わない方がいいのか、それともある程度は行って力強い体を作った方がいいのか、ということをよく質問されます。これについては、やり方ひとつだと答えておきましょう。

植芝先生は、バーベルを挙げたり、ベルトを引っ張ったりするような運動を見て「あんなのは本当につまらない運動だ」とおっしゃってました。そして私たちにも「ああいうことをやるな」といつも言っていたのですが、じつは私は一人になると、いろんな運動で体を鍛えていたものでした。

なにしろ若さに満ちあふれていたころですから、エネルギーがあり余っています。それに強くなりたい一心でしたから、やれるだけの鍛錬をやって体をいじめ抜かないことには、気がすまなかったのです。今にして思えば、そうやって自分の限界に挑むことによって、同時に精神力を鍛えていたわけです。だから、腕立て伏せなんかも毎日ガンガンやっていました。二五〇〇回くらいは軽くこなしていたものです。

懸垂もその気になれば三〇〇回はできました。片手懸垂なんかは朝飯前です。私は中二のころ、器械体操の大会に関東代表として出場したこともあるくらいですから、もともとそういう腕力には自信があるのです。

それくらい鍛えていたおかげで、木村政彦さんとの腕相撲にも勝つことができました。

当時は二人とも拓殖大学の学生で、英語が同じクラスでした。そのころ、腕相撲が流行っていたこともあり、どちらからともなくやってみようと言い出して、教室の机の上での対決となりました。

木村さんは当時すでに柔道の全日本を取っており、力も人一倍でした。硬貨を二本指で折り曲げたり、障子の枠を左右から押しつぶしたり、鉛の棒を曲げたりというエピソードがあるくらいの怪力です。

私は右手を握り合ったまま、相手の気をうかがっていました。そして、「始め」の合図とともに、相手が力を入れる前に力を出したのです。

力がゼロの状態でやられたために、木村さんは勢い余ってひっくり返ってしまいました。そして「何もしないうちに負けてしまった」と苦笑いを浮かべていました。

一度目はこうして私が勝ちましたが、相手も強者ですから、いつもそうはうまくいきません。二度目にやったときは、今度は私の負けでした。そうやって何度か勝負をしたのですが、結局、勝ったり負けたりの勝負つかずでした。

鍛錬の末に力が抜ける

こんな具合に、私にも力を誇っていた時期があったのです。そのころは技をやるにしたって、ギュウギュウと力ばかり入れていました。

私だけに限りません。植芝道場には大本教の関係で、いつも若い連中が二十人ほどいましたので、彼らとどんどんぶつかり合っていました。

しかし、修行時代というのはそれでいいのです。若い人に力を入れるなと言ったって、自然に入ってしまいます。それが若さというものです。それを無理に抑えこんだら、稽古になりません。

大切なのは、やはりその時点においてのベストを尽くすということです。自分の肉体と精神を限界まで追いつめていって、自分自身を納得できるところまで鍛錬しないと、本当に大切なものを体に消化できません。

いい例は、うちでやっている警視庁機動隊の訓練です。彼等には力を使うなとは言いません。精一杯やらせて、足腰が立たなくなるまでしごき抜きます。

以前、道場が小金井にあったころは、毎年四月になると、駅員さんが駅の階段の手すりを見て、ああ、今年も養神館の機動隊稽古が始まったのか、と知ったそうです。というのは、道場でしごき抜かれるものですから、連中は手すりにつかまらないことには階段の登り降りができません。それで手すりが磨かれて、ピカピカになるのだそうです。

本当は、それくらいしごき抜かないことには、武術としての合気道は身につきません。しかし、そんなことを皆にやっていたのではだれもついて来られなくなるので、現在の道場では型を決めて優しく指導しているわけです。

若いうちは、とにかく肉体を徹底的にいじめてみることです。そうした中から、自分というものがわかってきますし、精神的な強さが身についてくるわけです。

そうして、齢を取っていくうちに、次第に力が抜けていきます。そうなったとき初めて、筋力に頼らない呼吸力というものの効果を実感することができるのです。

ただし、それも若いころの徹底的な鍛錬があったからこそ、そこまでたどり着けるわけで、最初から力を抜いた楽な稽古をやっていたのでは、何も生まれません。

植芝先生も、私たちには力を使うなと言っていましたが、本当は若いころに相当鍛えているわけです。その下地があったからこそ、晩年のあの神技ともいえる境地へとたどり着くことができたのだということを忘れてはなりません。

最も自然に動ける体を作る

合気道を修行する人にとって、体を作るというのはどういうことでしょうか。

ちなみに、植芝先生がどんな体をしていたかを振り返ってみましょう。

先生の場合、全体的には太いのですが、筋肉隆々という感じではありませんでした。肖像画なんかではゴツゴツした体のように描いてありますが、実際には少し違います。ゴツゴツしているのではなく、全体的にスーッとなめらかなのです。

私はよく風呂で先生の背中を流したり、あんまをさせられたりしていたので実際に触わっているんですが、とても弾力性があったことを覚えています。指で押してパッと離すと、グーンと戻って来るような感じでした。

そんな先生に手を握られると、やはりちょっと違った感じがあります。最初はそんなにガッと力が入っている感じじゃない。しかし、知らないうちにだんだんグーッと締まってくる。つまり、ソフトなんですが、それでいて底力があるような、そんな力の出し方をされていました。

開祖である植芝先生がこういう体質だから、合気道をやる人間が皆、同じような体を作るべきかというと、そうではありません。

先生もよく言っていました。体を作るというのは自分の心構えであって、自分に即した体を作る、それでいいんだ、と。

「だから塩田はん、ワシと同じ体を作ったとしたら、あんたは自然には動けん」とも、おっしゃってました。

つまり、植芝先生が言うには、合気道は自然であることを最高とする武道だから、自分が無理になるような体を作ってはならないということなのです。

ただし、この自然ということを皆さん勘違いしていることが多い。

たとえば、齢を取って体が硬くなってきたからといって、無理矢理に若いころと同じような柔軟体操をやったんじゃ、筋をおかしくしてしまう。あるいは、体が小さいからというので無理矢理にウエイトトレーニングで必要以上の筋肉をつけたとしたら、体にリキみがついてしまいます。

こういったことは不自然なことなのです。無理が生じてしまえば、たとえ力が強くなっても、合気道の奥義に達することはできません。

自分のあらゆる活動において不自由のないように体を作る、というのが合気道における体作りだと解釈していいでしょう。植芝先生がよく言っていた「歩く姿が武である」という言葉は、こういうところにも表れています。

そういう意味において、合気道はどんな体質の人でもできるのです。

体の硬い人は硬い人なりに、軟かい人は軟かい人なりに、あるいはやせている人はやせているなりに、太っている人は太っているなりに、自分が最も自然に動ける状態を作っていけばいいわけです。

逆に言えば、自然になるように体質改善をしていく。それが修行であり、普段の努力だと言えるでしょう。

そうやって、年齢に応じた最善の体質作りをしていけば、いくつになっても合気道をやれるわけです。

師の気持ちを察知する

私は、なにがなんでもこの素晴らしい武道をものにしてやろうと思って、熱心に道場に通っていたのですが、やはり先生の側にいつも仕えている内弟子の人たちに追いつけないわけです。

これはやっぱり、自分も先生の側にいて全てを盗まなければいかん、と思って内弟子になることにしました。一九歳のときです。

そのころ、私は拓殖大学に通っていたのですが、もう他の何よりも合気道に夢中になっていましたので休学しました。休学が許されるのは二年間です。三年目になると退学させられてしまうのです。ですから、とにかく二年間は合気道一筋に打ちこんで、絶対ものにしてやるという決意の内弟子入りでした。

内弟子になると、常に行住坐臥、先生といっしょに暮らし、身の周りの世話をすることになります。

何の修行でもそうですが、昔の丁稚《でっち》奉公と同じです。師匠には文句などいっさい言わず、ただ黙々と言われたとおりのことをやるだけです。

先生に意見するなんてもっての外《ほか》です。「こうしたほうがいいんじゃないですか」なんて言おうものなら、すぐさま雷が落ちました。

今の人には理不尽だと思えるかもしれませんが、ひとつの道を極めようとするなら、やはりこういう修行が必要だと思います。

なぜなら、技の形や手順をいくら覚えたとしても、それが武術として生きてくるかというと、そうはならないからです。特に合気道の場合、合気というものを身につけるには、ただスポーツ的な稽古をくり返しているだけでは間に合いません。

そういう部分を磨くには、絶対服従の中で師とともに寝起きをともにすることが、何よりも確実な修行となるわけです。

といっても、ただいっしょに暮らすだけでは何も得られません。大切なのは先生の世話をする中において、常に先生の気持ちの先、先を読んでいくことです。つまり、気を察知できるように努めるのです。たとえば、風呂に入って先生の背中を流すとき、次に先生が何をしてほしいのか、先に察知して言われる前にお世話したのもそのひとつです。

先生の動きを常に見ている、そして先生の気持ちの動きを感じ取るのです。

難しいのはここです。見てから頭で考えて行動を起こしたのでは、もう遅い。考えてはいけないのです。先生の気持ちがピピピッと即座に心に響いてくるようでなくてはなりません。

それが自然ということです。考えるのではなく、自然に感じるわけです。

こういったことを、私は常に心掛けていました。そして、相手の気を察知する感覚を身につけたのです。

この訓練が、やがて演武でも生きてきます。

先生の受けを取る場合、基本的にはどこを攻めていってもいいという形なのですが、始めのうちは観客に見せるために、肩なら肩を「ここを取れ」というふうに示してきます。

それを見てから取りに行くのが、普通の人の場合。私は、「肩」と言われる前に、それを察知して取りに行くように心掛けていました。

それはもう以心伝心です。これができないと自然に体が動かないのです。こういうことを私は研究していました。そして、今度は自分が技をかける番になったとき、同様にして相手がどこを狙って来ようとしているのかを察知することができるようになったのです。

私がこういうことを身につけたのは内弟子生活を通じてですが、同じことを今の若い人にやらせようとしても無理でしょう。師匠に絶対服従なんてできないでしょうし、師の世話をすることが合気道の修行になっているなどということも考えつかないに違いありません。

植芝先生の神秘力

植芝先生というと、いまだに話題にされるのが、純粋な武術の技の他に、ある種、神がかり的な力を持っていたかどうかということです。

私は側にお仕えして、先生の一挙手一投足を見てきたわけですが、その上で言わせてもらえば、先生には確かに神がかり的な力がありました。

先生は大本教の熱心な信者でした。そのせいかどうかはわかりませんが、時どき我々には理解できない感覚を発揮していたことは事実なのです。そんなことは迷信だと思われる方もいらっしゃるでしょうが、私は実際にいくつかの出来事に遭遇していますので、それを紹介してみましょう。

先生は月に一度、京都に行って指導されていたのですが、そのお供として私をよく連れて行ってくれました。今のように新幹線などありませんから、汽車にゴトゴト揺られながら、十時間以上もかかって大阪に向うのです。

先生はいつも鉄扇を持ち歩いています。なんでも武田惣角先生からいただいたものなのだそうです。

汽車に乗ると、先生がその鉄扇を私に預けて、こう言うのです。

「ワシに隙があったら、いつでもこれで殴ってきなはれ。もし殴れたら、あんたに十段をやろう」

そして、お年寄らしく、座席の上に正座して、そのまま眠りこんでしまいました。寝息をうかがっていますと、本当に先生は眠っているようです。

しめしめ、と私は思いました。今ならいくら先生でも気づかないでしょう。いつでも殴っていいと言われたのだから、眠っていても関係ないはずです。

これで十段はもらった、と思って私が今まさに鉄扇を打ちこもうとしたとき、先生がカッと目を開きました。私はビックリして、ピタリと動きが止まってしまいました。先生は微笑みながら、

「今、夢の中に神さんが現れてな、塩田が叩くぞ、塩田が叩くぞ、と教えてくださったんじゃ」

そんなことを言ってまた眠りにつくのです。私は何度かやってみましたが、やはりどんなときでも先生は気づくのです。本当に不思議だと思いました。

また、こんなこともありました。

私たち内弟子は、夜は道場に布団を敷いて寝ることになっていました。先生は奥の部屋でお休みになります。

ある夜のことです。私がいい気持ちで眠っていると、いきなり奥の部屋の戸がバーンと開いて、先生が木剣を片手に真っ暗な道場へ飛び出してきました。そして、暗闇の中で「キエーッ」という気合とともに、先生が何かに向かって木剣で斬りつけました。

何事が起こったのかわけがわからず、私たち内弟子がおっとり刀で灯りをつけると、仁王立ちになった先生の足元に、首の飛んだネズミの死体が転がっていました。

「バカモーン！」

先生の雷が落ちました。

「ネズミが神さんのおそなえを噛っとるというのに、神棚の前で寝ていたお前らが、なんで気がつかんのじゃ！」

つまり先生は、隣りの部屋で寝ていたのに、道場の神棚のおそなえをネズミが噛っているのに気づき、飛び出して来て、木剣でネズミの首をハネたというわけなのです。

私たちがそれに気づかなかったからと先生は怒っているのですが、そんなことを言われても、私たちにわかるはずがありません。烈火のごとく怒った先生を前にして、私たちはただ頭をかくばかりでした。

拳銃の一斉射撃をかわす

不思議といえば、極めつきの出来事をお話ししましょう。これも私が実際にこの目で見たことです。あるとき、陸軍の砲兵官の方が、軍の関係者を九人ばかり連れて植芝道場にやって来ました。合気道という素晴らしい武道があるから見学しろ、というわけです。

そのときいっしょに来た人たちというのは鉄砲の検査官でした。検査官というのは、作ったばかりの鉄砲を実際に撃ってみて、銃身が右に曲っているとか左に曲っているとかを判断する人たちなのです。射撃の腕前はオリンピック級で、私が見せてもらったときも本当に百発百中なのでビックリしました。

そういう人たちを前にして演武を行った植芝先生が、そのとき「ワシには鉄砲は当たらんのや」と言ってしまったのです。確かに植芝先生は、蒙古で馬賊と闘ったときに鉄砲の弾をよけたと聞いていましたが、しかしこのときは相手がいけません。検査官の人たちはプライドを傷つけられて、すっかり怒ってしまいました。

「本当に当たりませんか」

彼等が先生に詰め寄ります。

「ああ、当たらん」

「じゃあ、試していいですか」

「けっこうや」

売り言葉に買い言葉です。その場で何月何日に大久保の射撃場で鉄砲の的になる、という誓約書を書かされ、拇印まで押すはめになってしまいました。しかもその写しを軍の裁判所のようなところへ持っていって、確認までしてもらうという念の入れようです。これで植芝先生は撃たれて死んでも、文句が言えないようになってしまいました。

さてその当日、先方から迎えが来て、大久保の射撃場へと植芝先生を連れていきました。お供は私と湯川さんの二人です。奥さんが大変心配されて、やめるように懇願したのですが、先生は「いや、大丈夫。あんなもん当たらんよ」とのんきなものです。

私と湯川さんも顔を寄せ合って、「こりゃ葬式を用意しといたほうがいいんじゃないか」などと相談していたくらいです。

射撃場に着くと、もっと大変なことが私たちを待っていました。私はてっきり、一人の人が先生を撃つのかと思っていたら、なんと六人がかりだというのです。

用いた銃はピストルでした。ピストルの有効射程距離が二五メートルだそうです。射撃場ではその距離に人間の形をした的が置かれています。しかし、そのときは人形の代わりに、植芝先生が的の位置に立つことになりました。そして、こちらのほうで、六人の検査官がピストルを構えました。

二五メートルというと相当の距離です。あんなところから先生はいったいどうするというのだろう、と私は息を呑んで見守っていました。

「一、二、三」

で、六つの銃口が一斉に火を吹きました。砂ぼこりがもうもうと舞い上がったかと思うと、次の瞬間、六人のうちの一人が宙に舞ったのです。

なんということでしょう。先生がいつの間にか六人の後ろに立って、ニコニコ笑っているではありませんか。

狐につままれたような気分とはこのことです。いったい何か起こったのか、私にはまったく理解できませんでした。私ばかりではありません。その場にいただれもが、ただ驚くばかりで言葉を失っています。

納得できない様子の六人の検査官が、もう一度やらせてくれと申し出ました。先生は「かまわんよ」と、いたって涼しい顔です。

もう一度、六つの銃口が先生に向かって火を吹きました。と、今度は端っこの人が投げられて宙に舞ったのです。先生はまたもや、いつの間にか後ろに立っていました。

私は茫然となってしまいました。今度こそ何が起こるか見極めてやろうと目をこらしていたのですが、結局、先生の動きがなにひとつ見えなかったからです。

立っている先生に向かって六つのピストルの引き金が引かれた。そこまではわかっています。ところが、次の瞬間にはもう、先生は二五メートルの距離を移動して、人一人を投げ飛ばしているのです。

これはもう、まぎれもなく神技としか思えません。首を傾げるだけの軍の関係者をあとにして、先生は意気揚々と引き揚げたのでした。

黄金の玉が飛んでくる

帰りしな、私は先生に「いったいどうやったんですか」と尋ねました。それに対する先生の答えは、次のようなものでした。

彼らがピストルの引き金を引こうとすると、黄金の玉のような光が飛んで来る。弾はそのあとから来るから、よけるのはなんでもない。それに、六人同時に撃ってるつもりでも、一度には出て来ない。必ずバラバラだから、いちばん先に来るやつのところに行けばいいのだ、と。

「金の光は、ビューンとすごい音がするんだよ」

と先生はおっしゃっていました。

音がしたときに走り出すのだそうです。そのときはまるで忍者のような、腰をかがめて小走りに走るような格好になるそうです。それで飛びこんでいって、あとから弾が来たときにはもう半分くらい中に入っているのです。

先生は、金の光が来てから弾が届くまですごい時間があるというのですが、見ている方にとっては、まさに一瞬にしかすぎません。先生が間合をつめるのは、まったく見えないわけです。

「ワシはこの世に必要だから、植芝は生かしとかにゃいかん、と神様のお告げがあった。ワシのミソギはまだ終わってないから、死なんのや、神様からもうこの世に必要ないと言われたときに、ワシは昇天するんじゃ」

先生はそんなふうに納得していたようですが、私たちにはどういうことだか理解できません。こんな話をしても皆さんには信じられないかもしれませんが、こういう不思議なことは実際にあるものなのです。

猟の名人との勝負

この話には後日談があります。

私の知り合いで、山梨に佐藤貞次郎という猟師がいました。この人が鉄砲撃ちの名人なのです。たとえば、山鳥を撃つ場合、猟師は山鳥が沢から降りてくるのを狙い撃ちします。このときの山鳥のスピードは時速二百キロくらいになるのだそうです。

山鳥というのは、頭を撃たれると、そのままストンと落ちるのですが、腹を撃たれると滑空していって遠くに落ちてしまう。だから、猟師は皆、頭を狙ってその場に落としたいのですが、なかなかうまくいかない。

ところが、この佐藤さんは百発百中で頭を射抜くのです。まさに鉄砲撃ちの名人中の名人です。

あるとき、私はこの佐藤さんに、植芝先生が鉄砲をよけた話をしました。

「それでもワシの鉄砲はよけられん」

と、佐藤さんは自信満々です。

「人間の頭なんてこんなにデカい。ワシは山鳥の頭を撃つんじゃ。人間に当たらないわけがない」

そう言って、佐藤さんは先生と勝負するために山から下りてきました。

私は佐藤さんを植芝道場に連れていって、勝負をしたい由を先生に伝えました。この挑戦を先生は受けたのです。

道場の奥に先生が正座して座り、離れたところから佐藤さんが猟銃を構えました。私は固唾を飲んで見守っていました。

佐藤さんの指が今まさに引き金を引こうとしたときです。

「待て、あんたの鉄砲は当たる」

と、先生が制しました。

「あんたはワシを撃ってやろうなどという気持ちがこれっぽっちもない。最初から当たるつもりで撃とうとしている。そんな人の鉄砲はよけられない。たいしたものだ」

先生はそう言って、佐藤さんに頭を下げました。佐藤さんはほんとうに喜んで、また山に戻っていきました。

私はすっかり感心してしまいました。佐藤さんの鉄砲も名人なら、それを察知して勝負を退いた植芝先生も名人です。まさに、名人は名人を知るというところでしょうか。大変に貴重な名人同士の勝負を見ることができた私は幸運でした。

いつか植芝先生を投げる

こんな具合に、植芝先生という人は、本当に神がかった達人でした。

それだからこそ、門人の方々が先生を雲の上の存在として敬い、先生の説いた崇高な理念をよりどころとして後進の人たちに道を説いていったのも当然だという気がします。

しかし、修行時代の私の興味は、あまりそういう方向には向いませんでした。先生の神がかりな力はあくまで宗教から来ているもので、武術本来の技とは関係ないと思っていたからです。

武術は人間のやることです。だったら、修練を積めば、植芝先生の領域まで到達できることも、けっして不可能ではないはずです。「彼も人なり、我も人なり」という言葉もあります。ですから私は、先生を尊敬し、師弟の礼を尽して側にお仕えしてはいましたが、神様のように手の届かない存在に祭り上げたりはしませんでした。そうすることは、自分の修行を中途半端にさせてしまうからです。

私が修行中に考えていたことはただひとつ、

「いつか、植芝先生をブン投げてやる」

ということだけでした。

不遜な考えだと皆さんにお叱りを受けるかもしれません。しかし、私が先生に怨みなどなかったことはもちろんですし、何度も言うようですが、今でも先生を尊敬しています。

しかし、先生が偉大だからこそ、あえてその高い山に全身全霊をかけて挑み、乗り越える価値があるのだと思うのです。

武道における師弟関係は、ただ弟子が師匠を敬うだけではいけないと思います。実際に師匠と闘うかどうかという問題ではないにしろ、師匠を乗り越えること、つまり師匠に勝てるように修行を積むことが弟子の務めだと言ってもいいでしょう。

逆に、そういう気持ちがないと、武道は極められないのです。

本気で師に挑む修行

先輩方が植芝先生の受けを取ると、先生のやるとおりに、パタパタときれいに倒れていく。先生にはかなわない、と遠慮してしまっているんです。イタズラ心がない。

それはそれで立派な演武なのですが、しかし、それだけだと凄味が出ないし、自分にとっても本気でぶつかっていったときの感じが汲み取れないのじゃないかと私は思っていました。そこで私がやるときには、常に真剣に先生にかかっていったものです。

もちろん、稽古のために型を見せるときは、こちらもその通りにやったけれども、演武会とかでは、見せる合気道じゃなくて、やっつける合気道というような気持ちでいきました。そうすると、先生もそれに応えてくれるのです。

そのようなときは、こちらも危い目に会う。しかし、危いとかなんとか考えていたらダメなのです。ここで死んでもいい、という気持ちで向かっていかないと、本当のものはつかめません。

確かに植芝先生は強い、素晴らしいと思っても、どこに素晴らしさの本質があるのかをこちらが体得するには、やはりこちらが火の玉になって飛んで行かなければならないのです。そうでないと、受け止める先生のほうもいい加減になってしまいます。

そういうふうに私が全力でぶつかっていったことが、植芝先生にとってもいい稽古になったと、後に先生はお話しになっていたそうです。

「昭和一六年で、自分の体術の稽古は終わった。今は惟神《かんながら》の修行に入った」

先生はそうおっしゃっていたそうですが、一六年というのは私が植芝道場を離れた年です。私はいわば、先生が体術を完成される最後の仕上げの時期に、相手を務めさせていただいたことになります。

そういう最も充実した時期の先生に、体で直接問いかけ、それを体で返してもらえたことが、今の私の最も大きな財産になっていると言ってもいいでしょう。

私は自分が弟子を持ってから、彼等にはいつも、私を倒すつもりでかかって来いと指導しています。だから、演武のときでも彼等には遠慮というものがありません。さばく私としては大変ですが、そういう緊張が、本当の武道の修行につながるのだと思います。

九段の試験に合格

二十代のころの私の生活は、ただ強くなることだけを目指して、修行に明け暮れた毎日でした。しかし、合気道には試合がありませんので、自分がどのくらい強くなったのかわかりません。それでも植芝先生の教えに従い、自分の修行の正しさを信じて稽古に励んでいたのです。

そうこうするうちに戦争が始まり、私にも軍属として中国へ行く話が来ました。私はもともと大陸雄飛の夢を持っていましたので、一も二もなくこの話に応じました。

日本を離れる挨拶をしに、植芝先生を訪ねたときのことです。先生はいつになく優しい目をしながら、こうおっしゃりました。

「塩田はん、あんたはだれにも負けんのやよ。それだけのものをワシはあんたに授けたんやから。しっかりやってきなさい」

私にとって、これ以上嬉しいことはありませんでした。それまで怒鳴るばかりだった先生が、初めて私にお墨つきをくださったのです。

この言葉を心の支えとしながら、私は中国へ渡り、任務に就きました。

戦争が終わり、私が帰国したころ植芝先生は茨城県の岩間に合気苑*というのを開いて、合気道を教えていました。GHQ（米軍総司令部）の目から逃れるためでした。

＊合気苑　敗戦直後、GHQの命令で武道の稽古が禁止された。そのため、植芝先生は岩間に合気苑という農園を開き、そこで合気道を教えられた。現在、同地には合気神社が立てられ、毎年四月二九日に合気神社大祭と開祖慰霊祭が行われている。

私は岩間に家族全員で住み、再び植芝先生の指導を受けることができました。他の昔の内弟子たちが一人、また一人と顔を出すようになりました。

そのころに先生がおっしゃった言葉で印象深かったのは、

「塩田はんがいちばん、基本がしっかりしとる」

というひと言でした。

これはつまり、長い間稽古を離れていたために、技の形は覚えていても、我流になってしまう人が多かった中で、私の動きは合気道の理合を忠実に守っていたということだと思います。それもひとえに、私が戦地や進駐先の商社などで合気道の指導をする機会を得た賜物であり、感謝に絶えません。

戦後の混乱もいくらか治まった昭和二六年のことです。私は九段の審査を受けることになりました。審査の場所は、合気神社の神前です。

私はまず、木剣を持たされました。先生も木剣を持ち、

「どこからでも来なさい」

と言います。

私は打って行こうとしますが、先生には全然スキがありません。なんとか前に出ようとするのですが、先生にクッと剣先を向けられると、手も足も金縛りみたいになって、どうにもこうにも動けません。気力で押されてしまうのです。

結局、汗ばかりタラタラ出ただけで、とうとう私は一歩も動けませんでした。ああいう状態で先生が私を打とうと思ったら、いくらでも入ったはずです。

私は、剣は失敗だったと思いました。御存じのとおり、合気道では剣も体術も同時に学ぶのですが、

やはりどうしても個人の得意な道があります。そうすると、植芝先生は人を見て、剣に向いてるか体術に向いてるか選り分けるのです。私はもっぱら体術でした。そういうわけですから、私は体術ほどには剣に自信がなかったのです。

次が体術の審査でした。今度は素手の先生に自由に攻めていくのです。私は先生と向い合い、スキを探りました。すると、剣のときとはうって変わって、私の心にとても余裕ができたのです。

「いける！」

と私は思いました。攻め所が見えたような気がしたからです。下からアゴを突き上げてやろうと思ったのです。

今まさに飛び出そうとしたとき、

「よし！」

と先生が言って、私を止めました。そして、

「立派なもんじゃ」

とうなづいたのです。

「剣はまだまだだが、体術がこれくらいできればいいじゃろう。九段をやろう。その代りこれからもっと剣を修行しなさい」

そう言って、先生は私に九段の免状を授けてくれました。昭和二六年九月二三日のことです。

これが、私が植芝先生からいただいた最後の免状です。その後、私は岩間を離れ、自分で合気道を指導するようになり、やがて養神館を設立するに至るのです。

型稽古で理合を学ぶ

それではここで、皆さんが合気道を稽古するとき、どんなことに気をつけたらいいかを説明しておきましょう。

合気道は型稽古が中心です。この型だけを見て、実戦的じゃないなどと言う人がいますが、それは見当違いというものです。実戦的だとか実戦的じゃないとかいうことではなく、なんのための型稽古なのかが問題なのです。

前述のとおり、昔の植芝道場には、はっきりと決められた型はありませんでした。ただ先生の完成された技があるだけで、門人はその技を自分なりに真似してやるしかなかったのです。そして、指導といえば、「天地と一体になれ」と言われるだけでした。

確かに、本来、技とはそういうものなのです。あらゆる状況に応じて千変万化するのが本当ですから、手順をはっきり決めてしまうのは、ある意味で嘘だと言ってもいいでしょう。

しかし、それだけでやっていると、一部のきちんと理合を見極めた人は上達しても、そうでない人は上達できないわけです。

私は、自分で道場を作るとき、それではいかんと思いました。集団を相手に教える以上、だれもがきちんと正しい理合を覚えられるような指導をしなければならないと感じたのです。

そこで、植芝先生から習った技を自分なりに整理し、私が自分で体得した理合にそって、「どうやれば力の流れを途切れさせることなく、最も小さな労力で相手を崩し、なおかつ自分の力が最も大きく出せるか」ということを考えながら、動作の手順を定めていきました。それが、現在、養神館で指導している基本技なのです。

ですから、基本技というのは、きわめて様式化されています。手の位置や足の角度などを、うるさいほど細かく指導されるのを、やったことのある人ならご存じでしょう。

しかし、それにはひとつひとつ、理合にのっとった意味があるのです。それを考えつつ稽古するのが大切なのであって、ただ意味もわからず形だけを繰り返しても、何の意味もありません。

それと同じで、ただ相手を倒そうという気持ちでやっている人も困ったものです。そういう人は理合の意味など考えず、ただ技の動きの中で相手を倒そうとしているだけなのです。こういう人は、いくら腕っぷしが強くても、なかなか理合を覚えられません。

型稽古というのは、倒し合いではないのです。どういう体勢に持っていったら相手が崩れるのか、そのためには自分の体をどう動かし、どういう力の使い方をするかを学ぶための練習方法なのです。実際に相手と闘うときに必ずこう動かなければならないと言っているわけではないことを、まず知っておく必要があります。

また、基本技に対してよく言われることに、「相手に手首をつかませるのはおかしい」というのがあります。

これはそのとおりで、実際は相手に手をつかまれるようなことがあってはいけません。相手に完全につかまれる前に技を施すのが本当の合気道です。

しかし、何度も言いますように、基本技というのは、稽古のためのものです。手を取らせるのも、相手の力の変化、たとえば押す力か引く力かの違いによって、こちらの体さばきがどう変わるかを学ぶのが目的なのです。

こういうふうに、基本技を反復練習し、相手のいろんな力に応じた体の動かし方を身につけてから、次の段階では、それをもっと変化のある動きの中で使いこなせるよう稽古していけばいいのです。

合気道に試合はいらない

合気道では試合を行いません。これについて疑問を感じている人は多いのですが、私はあくまで、合気道に試合は必要ないと思っています。

というより、試合をやらせたところで、修行者の技の上達になにも役立たないからです。

これまで合気道の技の仕組みについていろいろと説明してきましたので、すでに皆さんおわかりだろうと思いますが、合気道の技は、競技の中でお互いに競い合うようにはできていません。想定している闘いの状況が違うのです。

合気道の技は、人間の感情や生理的反応をうまく利用したものです。相手がこちらに危害を加えようという気持ちを持って攻めてくるから、その感情をうまく利用して、力をこちらに取りこみ、技に結びつけることができるのです。

そこには相手と強さを競い合おうという考えはありません。あるのはただ、自分の身を守れるかどうかだけなのです。

ところが、試合というのは違います。開始線に立って向い合い、「始め」の合図で真っ向からお互いに技を仕掛け合うのです。つまり、実戦における感情の起伏や、その場その場における周囲の状況の違いなどをすべて取り除き、ただ無味乾燥な技の競い合いの部分だけを取り出したのが試合です。相手と実際に勝負を争うとはいっても、いわゆる実戦とは似て非なるものだということができるでしょう。

そんな状態で合気道家同士が向い合ったとき、わざわざ相手につかみかかっていく人がいるでしょうか。両者が合気道の理合に忠実であろうとすればするほど、試合は成り立たなくなってしまうのです。

それを無理に闘わせようとすれば、理合は崩れ、合気道本来の姿とは似ても似つかぬものになってしまいます。それはもはや、合気道の技の形を借りた、つまらない取っ組み合い勝負でしかありません。そんなことまでして、修行者に一時的な優劣を競わせることに意味があるとは思えません。

それよりも、日々の技の稽古を通じて、その理合から生まれる相手との和合の気持ちや、天地宇宙との一体感を実感していくことの方が大切だと私は考えています。

また、試合を行えばルールの規制が生まれ、危険防止のために禁じ手が作られます。そうなったらもはや合気道ではありません。禁じ手がないからこそ、護身術として効果を発揮するのです。

試合だけを重視するあまり、本当に実践で効果的な技を捨ててしまい、スポーツとしては発展したけれど、武術としては中途半端になってしまった現代柔道の、二の舞いになってはいけません。

真剣勝負が修行の完成

武術としての合気道を修行する上で、どうしても欠かせないのが真剣勝負です。

競技として行われる試合ではありません。ここで負けたらすべてが終わり、という勝負のことです。そんな状況の中で、自分の体から無我夢中で出て来る技こそが本物なのです。これを体験しないことには、武術の本当の悟りというのは得られません。

昔は、武術の修行が皆伝まで進むと、旅に出ました。いわゆる武者修行です。そして真剣勝負を体験し、一度も負けないで帰って来られると、免許をもらって免許皆伝になったわけです。

私にとっては、中国に渡ったのが、言ってみれば武者修行みたいなものでした。上海で体験した真剣勝負が、私に悟りを開かせてくれたのですから。

ここでやられたら自分は死ぬ、というような状況を体験したときに、初めて自分の全力が出ます。そのときの感覚は、道場で稽古しているだけでは、絶対に味わえません。生と死の限界に来たとき初めて、自分が身につけた武術のなんたるかを、知ることができるのです。

そんな物騒なこと、と今の人は思うかもしれませんが、昔はそういう状況に出くわす機会がはるかに多かったのです。ケンカは日常茶飯事でしたし、道場破りなども当り前でした。

私はなにも、そういう状況が望ましいと言っているのではありませんが、武道を修行する者にとっては、腕試しができるという意味で、修行のしやすい時代だったと言えるでしょう。

もちろん、今はそういう時代ではありません。暴力がまかり通る野蛮な時代は終わりました（戦争や紛争などを見ると、必ずしもそうではないようですが）。

本当の真剣勝負を知る機会がないからこそ、試合を中心に武道が語られるようになってしまったのかもしれませんが、それでは武道の本質がどこかへ行ってしまいます。

昔のように、真剣勝負を求めて武者修行するわけにはいかない社会の中で、いかにそれに代わる修行の方法をみつけ出し、武道の本質を身につけていくか。これが難しいところであり、これからの若い人たちが工夫していかなければならないところなのです。

しかしもし、武道の本質が受け継がれなくなったとしても、合気道の存在意義がなくなるわけではありません。技の修行を通じて天地宇宙との和合を知ること、これも合気道の大きな本質なのですから。

第五章

合気即生活

技の理合が和を表現

この本で、私は合気道の武術としての側面を中心に述べてきました。敵から身を守るための武術として、合気道がいかに優れた理合を持っているかが、多少なりともわかっていただけたのではないかと思っています。

それでは、合気道の最高の技とはなんでしょうか。

それは、相手に敵対心を放棄させ、仲良くなってしまうことです。

こう言うと、なんだか化かされたような気になる人がいるかもしれません。今までさんざん、闘いに勝つための技術を語っておいて、最後で取って付けたように、相手と仲良くしろと言いくるめるのでは、単なる建前と思われてもしようがありません。

しかし、ここが合気道の面白いところなのですが、理合を身につければつけるほど、そこに生じる〝和〟というものを実感として理解できるようになるのです。

合気道は和の武道と呼ばれています。

だからといって間違えてはいけないのは、試合を行わないから〝和〟なのではなく、パートナーと無抵抗に技を掛け合うから〝和〟なのでもなく、ましてや強くなる必要がないから〝和〟なのでもない、ということです。

本当は、真剣の斬れ味を持つ技そのものが、〝和〟によって成り立っているわけです。それは理屈ではありません。最初から思想性だけを求めて合気道に取り組んだからといって、理解できるものではないのです。

合気道の哲学を表現しているものは技そのものです。技の理合を自分自身が実践することによって、なるほどこれが〝和〟なのか、と納得することができます。

ですから、大切なのは、自分の行っている技が、正しい理合にのっとっているかどうかということなのです。理合を実践しないままに、ただそれらしい動きをして、相手が自分から飛んでいっても、それは合気道の説く〝和〟を本当に理解したことにはなりません。

私が、技の理合を強調したのはそのためです。なぜ合気道が実戦で威力を発揮するのか、その仕組みをしっかりと知ること。そして、その理合を自分の体を通して納得すること。そうすることによって、初めて植芝先生の言われた「和合」の意味を、技の中に見出すことができるのです。

植芝先生がよくおっしゃっていました。

合気術を身につければ、天下に怖いものはない、すべてが我が味方である、と。対すれば相和す。向うが剣を振りかぶってきたら、これは我が友なりという気持ちが起きなければいかん、と。

まあ、剣を振りかぶった相手を友と思えといわれても、なかなかそうは思えるものじゃないでしょうが、つまりは和というのはそういうことなのです。

敵を友とさえ思えるような心を養うための修行が合気道だと言ってもいいのではないでしょうか。

自分に危害を加えようとしている人に対して、ニッコリと微笑むことができればいいのです。それも作り笑いではなく、本当に心から微笑むことです。そうすれば相手だって危害を加えようとする気持ちを失ってしまうのです。

それはとても難しいことです。しかしそうできるように修行を積むのが合気道なのです。

人は皆赤ん坊になれ

私が養神館を作るときに、緒方竹虎先生などの政治家や工藤昭四郎先生などの実業家を始めとする協力者の方々とこんな話をしました。

合気道の素晴らしさは、和の心を自分の体で表現していることにある。この和の気持ちを世界に広げていけば、真の平和というものが生まれてくるんじゃないか、と。

今の政治家の外交のように、利益をめぐる駆け引きばかりでアレコレやっていたのでは、本当の平和が来るはずはありません。そうではなくて、だれもが心から和合を実践するような、そういう世の中を作っていかなければなりません。

そのためには、素直であるということが必要です。よどみや汚れのない、まっさらな心にならなければばいけません。

私はいつも言っているのですが、人間、生まれたときはみんな赤ん坊なのです。赤ん坊というのは神様みたいなものだから、全然邪心がない。最初はそこからだれもがスタートするわけです。

それが成長するうちに、いろいろなことを覚えて、初めの素直な心を忘れてしまう。知恵がつくのはいいのですが、それが小賢《こざか》しさを生み出していくのが問題なのです。お互いが小賢しさを振り回すことから、争いが生まれてくるわけです。

ですから、生まれたときの素直な気持ちをみんなが持ち続けていけば、本当に世界中の人たちがお互いに助け合っていける社会ができるのじゃないか、と私は切に願っているのです。そして、そのためには合気道を広めていくことが役に立つのではないかと思っているわけです。

そんな大それたことを考えてもしようがないと、他人は思うかもしれません。しかし、我々は人間である以上は、夢を持つことが大切です。そうでなければ生きている甲斐がありません。もちろん、夢に酔ってはいけませんが、そういう大きな気持ちを持っていないと、前に進めないのです。

ですから、そういう私自身が合気道に取り組む上での夢という意味において、赤ん坊のような素直な心を手に入れるための修行のひとつとして、合気道が大きな役割を果たせるのではないかと思っているわけです。

肉の宮に神が宿る

植芝先生は大本教の熱心な信者でした。京都の綾部にある教団の本部で、若い人たちに武術を教えていた時期もあり、そのときの研究が後に合気道として実を結ぶわけです。

そもそも合気道という言葉自体が、大本教の出口王仁三郎師のアドバイスによって名付けられたぐらいですから、大本教の存在なしに合気道は語れないと言ってもいいでしょう。実際、神道的な解釈で、合気道の修行をされている方も、たくさんいます。

では、私はどうかと言いますと、まったくの無宗教なのです。五十年以上にわたって合気道に取り組み、植芝先生の側にお仕えした時期も長かったのですが、とうとう宗教的な部分には無関心なままで来てしまいました。

先生が偉いと思うのは、私たちには信仰をいっさい強制しなかったことです。もちろん大本教の関係の方も道場にはたくさんいらっしゃいましたし、私も先生のお供で教会へ連れて行かれたことが何度もありますが、だからといって神を信じなければダメだ、というようなことは言われたことがありません。そのへんは、個人の自主性にまかせていたのです。

私が無宗教でいるのは、私なりの信念があってのことです。その信念とは、自分を失わないということです。

宗教というのは、時として神に依存する気持ちを生じさせます。私は、神に対して感謝を棒げる気持ちは大切だと思うのですが、依頼心が強くなってしまっては自分が弱くなってしまうと思うのです。

神に生かされているのは自分です。その自分という器を磨き上げることがおろそかになって、神様の力にばかり頼っていたのでは、主体というものがなくなってしまいます。

私は、自分の体に神が宿っていると考えています。体とは肉の宮です。肉の宮にこそ神はいるわけです。ですから、あくまでも信ずるのは自分自身です。

もちろん、それが単に我を張っているだけでは意味がありません。そこが難しいのですが、やはり大切なのは自分でつかむ、自分で感じるということなのです。

他者から与えられたものを、そのままうのみにしていたのでは、主体が自分以外の別のところにあるわけですから、相手に言われるままにあっちにフラフラ、こっちにフラフラと心が左右されてしまう。これでは本当の真理には到達できないと思うのです。

私は、植芝先生の神がかりの部分は、本当に凄いと思いますが、やはり私は私なりの信念に従って合気道を極めようと努力してきました。植芝先生の偉大さに追随するあまり、自分自身の主体を失ってしまうことを、私は恐れたわけです。

最近になって私はようやく、先生のおっしゃっていた「我即ち宇宙」という言葉や、「天地と一体になれ」という言葉の意味が、実感として理解できるようになってきました。若いころにはチンプンカンプンでしかなかったようなことが、今になって、なるほど先生のおっしゃっていたのはこういう意味だったのかと、裏付けが取れるようになった次第です。

植芝先生の高みにはまったく及びもつきませんが、しかし、自分自身でつかんだ分、私は大いに納得できるのです。いささか僭越ではありますが、これが私の合気道だと思っています。

合気道をやるのなら、何かに頼った合気道ではなく、自分自身の合気道をやるのだという気持ちをしっかり持つことが大切です。そうでなくては、本当の強さは身につきません。

養神館に道場訓はない

武道の本質は理屈でわかるものではありません。理屈があって、それを他人から聞いてわかった気になってもしようがないのです。

修行を通じて自分で見出すということが大切です。そうでなくては本物ではありません。逆に言えば、自分で本質を見出すことが修行の目的だと言ってもいいでしょう。

私の道場に来たことのある人ならお気づきでしょうが、うちには壁に道場訓というものを掲げておりません。前にも述べたように、道場訓自体を作っていないのです。

稽古の始めや終わりに、「ひとつ、我々は武道の修行を通じ――云々」と、道場訓を唱えさせることをよしとしている道場もあります。それはそれで結構なことなのですが、私は養神館でそれをやりたくありませんでした。

なぜなら、いくら立派な言葉を並べても、それが押しつけであったなら意味がないと思ったからです。他人から与えられた言葉は、しょせん他人のものでしかありません。自分の納得によって出てきたものではないはずです。

怖いのは、言葉を知ることによって、あたかもその本質までわかったような気になることなのです。そうすると、本人の主体がどこかに行ってしまって、押しつけられた言葉だけが一人歩きしてしまう。言葉が人間を縛ることになってしまうのです。

これでは、個人に本質を理解させることなどできません。成長がその時点でストップしてしまいます。ですから、大切なのは、それぞれの人に、いかに自分自身で本質をつかまえられるような環境を与えてやるか、ということなのです。

こんなことがありました。本部道場がまだ筑土八幡にあったころ、会員の中に靴ドロボウが現れたのです。

そのころは下駄箱というものはなく、会員の履物は、玄関に脱ぎっぱなしにさせていたのですが、ドロボウを働くやつは、汚い下駄でやって来ては、帰りにきれいな靴を履いて帰るのです。

そういうことがあまり度重なるものですから、さすがに犯人をつかまえてこらしめようという意見が内部から出て来ました。しかし私は弟子たちにやめろと言いました。その代り、会員に対して玄関の履物をきちんとそろえるように指示を出しました。

それまで乱雑に脱ぎ散らかされていた履物が整頓され、玄関は見違えるようにきれいになりました。するとどうでしょう。靴ドロボウがピタリとおさまったのです。

人間とはそういうものです。乱れた場所の中では、人の心まで乱れます。悪いやつにつけこまれるというのは、こちらにそういう乱れが生じているからなのです。脱ぎ散らかされた靴が、彼に盗みを働かせているとも言えるのです。

しかし、それがきちんと整頓されてしまうと、相手も手を出しづらくなります。盗もうという悪い意欲が、そこでなくなってしまうのです。相手の敵対心を封じるという合気道の極意が、ここで生かされたわけです。

これがもし、犯人をつかまえてこらしめていたらどうなるでしょう。そいつは、怒られたときだけ小さくなっても、自分で納得してやめたわけではありませんので、また同じことを繰り返すかもしれません。それに、反発心が生まれて、私たちをうらんだことでしょう。

そうならなかったということは、私は多分、彼が何かを自分で感じてくれたのだと思います。それがたとえ意識したものではないとしても、彼に盗みをためらわせた何かは、きっと心に根付いてくれたのではないでしょうか。

理屈はどうでもいいのです。大切なのは、心に宿るということ。心に宿ったものこそが、その人にとって本物なのです。

見えない欠点を見出す

人はだれでも、目に見えるものだけでいろんなことを判断しがちです。見えた状態で形を成しているから、それでいいのだ、と。

しかし、本当に大切なのは見えないところなのです。その人がより高いレベルに行けるかどうかというのは、見えないところに気づくかどうかにかかっています。

私のいままでの修行における最大の課題は、本当の自分を知るということにありました。そのためにはまず、自分の本当の欠点を知らなければなりません。

本当の欠点というのは、目に見えません。隠れているのです。だれもがよく、自分の欠点はこうだと言いますが、それはたいてい目に見える欠点、つまり表層に表れてきた欠点でしかなく、その根本にある本当の欠点には気づいていない場合が多いのです。

たとえば、会社で部下とうまくいかない人がいたとします。その人は、うまくいかないのは自分が若い人たちの機嫌を取らなかったせいだと思い、食事に連れていったり、冗談を言ったりして部下と仲良くしようとするでしょう。

しかし、もしその人の心の奥底に、目下のものを軽く見るようなところがあって、それが気配としてにじみ出て来るから嫌われているのだとしたらどうでしょう。いくら手を変え品を変えて部下に取り入ろうとしても、うまくいくはずはありません。そうすると、自分がこれだけ気を使っているのに、みんなはわかってくれないのだ、と行き詰まってしまうことになります。

こういう人の場合、自分の心の奥底にある傲慢な気持ちに気づかなければならないのですが、だれしもそこまで自分の心をみつめるのは嫌なものですから、なかなか気づきません。その挙句、自分がうまくいかないのを他人のせいにしてしまったりするのです。

技の稽古においても、これと同じことが言えます。右にいくのか左にいくのか、手の位置はどうか、そういう目に見える部分はだれでも直すことができます。しかし、技の形はできているのに、どうも効き目がなくて困っている人をよく見かけます。

これも、形や角度がどうこうではなく。自分の中心線が傾いていたり、変なところに力が入ったりしているから技が効かない場合が多いのですが、そういう目に見えない部分というのは、なかなか気づかないわけです。

気づく努力をしていればまだしも、間違いに陥ったまま、それでいいのだと思いこんでしまったら、もはやその人の成長はありません。

自分の本当の欠点を見出すためには、原点に還ることです。基本に還れというのはそういうことなのです。そして、素直になることです。真白な心になったときに、初めてそれまで見えなかった欠点を知ることができます。

そういう意味で、私は新しい入門者の稽古を、必ず自分で見るようにしています。新しく入った人は、真白な心で合気道に取り組んでいるわけですから、そういう人の心に自分の心を照らすことによって、大いに学ぶことがあるからです。

「弟子は師であり、師は弟子である」という言葉がありますが、そうやって私は今の自分に驕り高ぶることなく、常に新鮮な気持ちに還って自分自身を見出すことを、日々の修行としているわけです。

歩く姿が武である

植芝先生は私たちにいつも、「合気即生活」ということを説いていました。

道場で技をかけあうだけが合気道ではありません。目覚めて、活動して、人と話をして、酒を飲んで、床に就く、そういった一切の日常的な挙措動作が合気道の修行であり、合気道そのものであるわけです。

先生はまた、「歩く姿が武である」ともおっしゃっていました。これも同じことです。

武道というものは、日常生活から逸脱した特別なことであってはいけません。ただ道を歩いているにしろ、そのときの心のあり方、姿勢の保ち方、機を見て敏なる感覚などが、すべて理合の表れであり、またそう努めることが修行であるわけです。

理合にのっとれば、そこに調和が生まれてきます。姿勢、身のこなし、すれ違う人との接し方、言葉使い、そういったあらゆるものに調和が宿ります。また、調和のとれた歩き方というのは、呼吸力・集中力の実践でもあるわけです。

強い弱いでなく、自己が常に最善の状態でいられるということ、それが武道です。そうでなくてはスポーツになってしまいます。

スポーツは競技のために練習をします。試合に勝つために練習し、試合の当日に自分の体を特別なピークに持っていきます。それによって、普通ならできないことをやるわけですから、それはそれで素晴らしいことです。

しかし、特別なピークを作るということは、自分の身心に無理な状態を作ることになります。ある一定の期間ならそれも通用しますが、人間いつまでも無理はききません。ですからスポーツ選手には引退という時期がやって来ます。

それに対して武道の考え方は違います。日々最善の状態でいられることが武道の本義です。この日は備えがあったから力を出せたが、この日は備えがなかったので力を出せなかったというのではダメなのです。

だからといって、出ない力を無理に出そうとすれば無理が生じます。出なければ出ないなりに、よい結果をもたらすように持っていく。最善とはそういうことです。いついかなる場合にのぞんでも、自己の持てる最高のものを無理なく発揮できなければ、実生活には通用しません。

その場その場において最善であることが修行です。ですから、合気道の修行に終わりはなく、一生涯、向上心を持ち続けることができるのです。

我をなくせば気が見える

合気道の技の理合を実生活に応用するのも「合気即生活」の実践のひとつでしょう。

たとえば、我をなくすことが合気道の根本にあります。こうしてやろう、ああしてやろう、あるいは勝ってやろう、いいところを見せてやろう、そんな我欲ばかりが先に立ってしまったのでは、自然な動きなどできません。

ましてや、人間は感情の動物ですから、こっちがカッと敵がい心を持てば、相手もそれに反応して敵がい心を燃やします。

自分のこうしてやろうという気持ちと、相手のああしてやろうという気持ちがぶつかり合うばかりで、結局、無駄な力比べが始まるだけです。最後には傷つけ合って屈伏させて、勝負がきまるでしょうが、そこには和は生じません。

そうならないようにするには、無策の策でいくのがよいのです。

我をなくせば、相手の気持ちが見えてきます。それに合わせてこちらが動けば、ぶつかり合いはありません。そして、合気道の技と同じように、相手の力をこちらに取りこんでしまって、こちらの力は使わないのに大きな勢いを生み出すことだってできるのです。

そうすれば、相手だって自分の意を汲んでもらえるわけだから喜ぶでしょうし、こちらも楽しい気分になれます。つまり、そこに和合が生まれるわけです。

相手の気持ちを肌で感じる。知るのではなく、パッと感じるわけです。だから気（機）を読むことができる。意見をぶつけ合っていても、相手を怒らせずにすみます。

その人なりの特徴がどこにあるのかを見極めてやるのです。技において相手の力の流れを見極めるように、対人関係においても相手の興味がどこに向きやすいかを察知して、そこに興味を作ってやるわけです。

合気道の技などは、まさにそういうふうに持っていくのですが、これを対人関係に応用するならば、まず相手の喜ぶことを見出してそれを与えてやることです。

私は、植芝先生にお仕えする中でこの訓練も行いました。先生は怒ると怖いのですが、私は先生が機嫌の悪いときでも逃げませんでした。

こっちに向けられた八ツ当りをヒョイと体の変更でかわして、逆に先生の喜びそうな話題を持ちかけてあげるのです。そうやって先生が機嫌を直したりすると、「一本取った」と思って、こちらも嬉しくなったものでした。

これは、技の勝利に対し、心の勝利だと言っていいかもしれません。

ところが、みんな我が強いからなかなかこういうことができない。特に、武道家にはそういう人がみかけられます。あんまり強い弱いに夢中になっていると、それだけに固まってしまうのです。

そうするとやはり、心は寂しくなる。それをカバーするために威張るわけです。相手に対して威圧を行うようになる。そうなってしまっては、対人関係はメチャメチャです。

なんでも我を出せば我におぼれてしまいます。いちばんいいのは、無心になるということで、その中から自然に素晴らしい技が生まれてくるわけです。

天地と一体になれ

「常に自然であれ」

というのが、植芝先生の終生の教えでした。

「天地と一体となって動け」

ともおっしゃいました。

天地には自然のリズムがあります。それに素直に従っていれば、けっして無理の生ずることなく事を成すことができるのです。そして、相手も生き、自分も生きることができます。

このところ、地球破壊ということが盛んに言われるようになってきました。人間が自分の我欲によって、自然の秩序を乱し続けた結果、どうやら地球は、取り返しのつかないところにまで来てしまったようです。

天があり、地があってこそ、我々はここに生まれ、そして生きているのです。そこには、人間の力をはるかに越えた宇宙の理が働いています。その理に逆らって、どうやって我々は生きることができるでしょうか。

人間も自然の中に生きる動物のひとつであることを忘れてはいけません。いくら工業技術が進もうと、私たちは暑くなったら服を脱ぎ、寒くなったら服を着る、そういった天然の理に従って暮らしているわけです。

それを理解しないと、合気道の技もわかりません。魚が金魚鉢の中で一斉に向きを変えてもぶつかり合わないように、人間もまた動物ですから、理性や思考だけではとらえられない感覚の中で本来生きているのです。

ところが人間は、思考することによって我が出て来ます。それによって、自分の中に天地の理があることを見失ってしまいます。

ですから、人間はもっと素直にならなければいけないのです。素直になって、自然の中で生かされている一個の動物としての原点に戻ることです。

そうすれば、自然のリズムを崩してはならないことに気がつくはずです。

植芝先生が言い続けた、「自然になれ」「天地と一体になれ」という言葉が、今のこの地球の危機にあたって、我々の選ぶべき道を指し示してくれているのではないでしょうか。

合気道は和合の実践

戦争や紛争はお互いが我を張ってばかりいるから、ああいう無駄な争いをしなければならなくなる。まあ、各国にそれぞれの事情はあるでしょうが、自分だけが利益を得ようという考えがあるから争いが起こるのであって、やはりそこは我欲を捨て、人間としての付き合いの原点に還れば、おのずとそういう問題も解決できるのではないかと思うのです。

勝つとか負けるとかは、じつにくだらないことです。一個の地球の上に住む人間同士で争うなんて馬鹿げています。

合気道には試合がありませんが、私はそれは非常によいことだと思います。今になって合気道が世界中の人たちに受け入れられているのは、自ら争いを求めない、そんな姿勢によるのだと思います。

確かに合気道は優《すぐ》れた武道です。その理合は一撃必殺の威力をもたらします。

しかし、もはや合気道を闘いの武器として用いる時代は終わりです。武術としての合気道は、私で終わったのです。

それよりも、日々、合気道の素晴らしい技を修練することによって、その深遠なる和の理合を身心に宿し、身をもって和合を実践することこそが、二一世紀の合気道の役割だと私は思います。

合気道の修練を通じて、人と人との心の和が広がること、それが養神館の願いです。世界中の人たちが合気道を学び、その理合を知るならば、世界のあらゆる争い事は、解決できるのではないかと、私は夢見ているのです。

人間がお互いに手を結び、天地自然の理を尊重して、この地球をもっと住みよくしていくための、ひとつの学びの道として、合気道が栄えんことを、私は、心から祈る次第です。

あとがき

塩田泰久

合気道に親しんで四十余年。その間、たびたび「私にとって合気道とは何か」と自問自答してきました。この問いはまた、「父と私との違いはいったいどこにあるのか」という疑問につながるものでもありました。

父は、植芝盛平先生に出会って開眼《かいがん》、以後、合気道一筋に修行を続けているうちに、その名は次第に人の知るところとなり、やがて「養神館」という立派な道場ができました。合気道を一生の仕事として選び、成功に導いた父の生涯を、私は息子の一人として誇りに思っています。

対する私はどうでしょう。父の命ずるままに合気道を習い、「養神館」という組織の一員となり、父の敷いたレールの上を歩いてきました。他人から見れば、羨ましく思える人生かもしれません。しかし、私自身は、身動きのとれぬ窮屈な生き方と思い、葛藤を繰り返してきたのが実情です。

このままではいけないと気がついたとき、私は、日本を離れ、イギリスに渡ることを決心しました。イギリスにも合気道を学ぶ仲間が大勢います。しかし実際に生活を始めてみると、言葉のギャップ、習慣の違いなどに悩まされ、孤独との闘いで苦しい毎日でした。が、時がたつにつれ、仲間たちともコミュニケーションがとれるようになり、合気道の捉え方も変わってきました。

技プラス他人へのいたわり、思いやり、己の素直さなどが総合して、合気道が成立するということを実感するようになったのです。そして指導者としての私が、生徒たちにとって魅力的であるならば、彼らは私についてきてくれることを知りました。この頃から、父が常々いっていた、「人生＝合気道」という言葉がわかりはじめ、私にとっての合気道は、「人生の勉強」となりました。


「お前、中学生になったら合気道をやれ」

子どもの頃、私は父にいわれ続けました。

ふだんからとても厳しく几帳面な父に、私は反発心を持っていました。そこにもってきて、すでに私の人生を決めたような口調。上の二人の兄も合気道を習っているのに、なぜ、私でなければならないのか。怒りにも似た感情が起こったのを覚えています。

父にすれば、体型・性格とも自身に似、自分の技を受け継げる人間として私を評価したのに、「親の心、子知らず」とは、まさにこのことでしょう。

むろん、父の気持ちは今だからわかることです。中学生の私は、合気道の意味もわからず、暇のあるときだけ、しかたなく合気道の稽古をしていました。それでも、合気道に浸るにつれ、技の素晴らしさが徐々にわかりはじめ、いつしか合気道家として世に立つ決心が固まっていたように思います。

一九九四年七月一七日、父は他界しました。皮肉といえば皮肉なことですが、父という巨大な山が消え、私が自身の才覚と腕で世に立つ必要に迫られたとき、私は合気道の指導が、どれだけ社会に貢献しているのかを再認識させられました。言葉をかえるならば、合気道は武道であると同時に、有益な社会教育でもあることに気がついたのです。

円運動で相手とぶつからない

私が修業をはじめた頃、父のこんな言葉を耳にしたことがあります。

「他人の怒りをまともに受けたら、遂には喧嘩だよ。だから、相手が怒ったら、自分は対抗しようとしない。一歩引いて冷静に待つ。怒りなんてのは長く続きはしないんだから、こちらが『ああ、そうですか。ごもっとも、ごもっとも』と言っていれば次第に収まってくる。反撃に出るのはそれからだよ。といっても、怒りで返すのではなく、理路整然と話し導いてやればいいんだ。それが合気道というものだ」

父は合気道の基本を、人間関係にたとえて話してくれたのです。しかし、この言葉を聞いたときの私の正直な感想は、「親父は何を言ってるんだろう」でした。相手がヤル気なら叩き潰せばいいじゃないか、などとも考えました。いやはや若気の到り。今にして思えば、合気道修業者としては恥ずかしい限りです。

合気道では力のぶつかり合いはありません。相手が真っすぐ押してきたら押し返そうとせず、押されるままにする。引かれた場合にも同じ。一見、相手の攻撃をまともに受けているように見えますが、それは外見だけで、実は相手を誘導しているのです。

誘導が極《き》まると相手の身体は伸びきって完全に無力になります。その瞬間をとらえて技をかけるのが、合気道の基本なのです。ですから、動きのすべては直線的なものではなく、円運動です。自分が円の軌跡を描いて動くのです。

つまり、自分の円運動に相手を巻き込んでしまうのです。合気道における円運動は、コマを想像してもらえばいいでしょう。コマは中央も外周も回っています。合気道では自分が円運動の中心になって相手に円運動をさせることもあれば、相手を円運動の中心において、自分が外周部になることもあります。円運動があれば、相手の力をまともに受けないですみます。力比べになったら、力の強い者が勝つのは当然のこと。ですから、まず相手の力を流すのです。えっ、力で勝っていたらどうかって。力で抑えつけるのは、別の武道であって合気道の技ではありません。合気道はあくまで、円運動の求心力、遠心力を巧みに利用して、相手の体勢を崩して技をかけます。

また、円運動ならば、動きを止めることなしに自由に方向を変えることも可能です。ですから、いったん相手を誘導したらどこに倒すかは思いのまま。あるいは、相手が複数の場合でも動きを止めることなく、対処することができます。

父は身長一五四センチと小柄でしたが、私も父に負けず劣らず、いくらか体重が重い程度です。ですから、合気道をはじめた頃は、私より少しでも体格的に勝った相手との稽古が苦手でした。なぜかというと、思うように倒れてくれないからです。そんなとき、家で父にこういわれました。

「お前、チンパンジーのようだな……」

小さな私が大きな身体の男を倒そうと顔を真っ赤にして技をかけている。相手の腕を必死で極めようとしているさまは、たしかに太い木の枝にぶら下がる猿のようです。

「なぜ、相手が倒れないと思う？　倒そうとしているからだ。考えてみろ。『さあ、投げますよ』と相手からいわれて素直に投げられるままになる人間がいると思うか。誰だって投げられるのは嫌だろ。本能的に投げられまいとするのは当然のことだ。だが、そこを倒すのが合気道なのだ」

腑に落ちない顔をしている私を見ながら、父は続けます。

「大切なことは、相手を安心させることだ。〈痛くない〉と思わせることだ。さほどの痛みがないとわかれば、相手は安心する。安心すれば力が抜ける。このときだよ、技をかけるのは。ただ、急激に力を入れると相手は瞬時に反応してしまう。だから、スーッと、相手に警戒心を起こさせないように力を入れるんだ。これで十分に制することができる」。

〈なるほど……〉

私は次の稽古の日、さっそく、父にいわれた言葉を試してみました。べつに倒さなくていいや、と思い相手と対したのです。すると不思議に相手は倒れました。

実は父は私にヒントを与えてくれたのです。いわんとしていることは重心の位置でした。合気道では筋肉の力ではなく、重心が移動する力を利用して相手の体勢を崩します。ですから、自分の重心は、相手より低い位置にないといけません。重心が低ければ、相手を上にあげて崩すこともできますし、下に下げて崩すこともできます。ところが、私の場合、自分の重心が浮き、相手の重心の上に乗ってしまったのです。

父はそんな私の格好を、「腕にぶら下がっている」と表現したのですが、相手を倒そうという思いだけが先走り、力でかけようと躍起になっていたのです。これでは、相手とて力を緩めるはずがありません。そこで、相手を倒そうとする心を捨て去った。すると私の重心はストンと下に落ちた。同時に、これまで開いていた脇も締まった。相手も力を緩めた。あとは相手の重心が自分より下になるように動いたから、相手が自然と崩れた、という具合です。

この動きができたとき、私は「社会生活も同じだな」という感想を抱きました。

挑発にのったり、怒りに対して怒りで受けたら、喧嘩になります。これは力と力がぶつかり合っている状態です。このとき、対抗しないのが合気道流なのです。

実際、そんな場面に遭遇したら、「どうも、どうも」といってニコニコしているのがいいでしょう。しばらくすれば相手の矛先は次第に鈍りはじめます。相手の怒りが柔らげばそれでよし。しかし、もし向こうに明確な悪意があるならばこのときが勝負。一喝して相手の度胆を抜くのです。気持ちが崩れかけたところへの一喝ですから、相手はまともな対応ができるはずもありません。毒気を抜かれて退散すること間違いなしです。

勝ちたいのは誰しも同じ。しかし、一歩引くことで逆に勝機がみえてくることを、父はいいたかったのでしょう。

何よりもまず落ち着くこと

「落ち着け」

合気道をはじめた頃、父によくいわれました。稽古で自由技をやっているときです。

通常、合気道の稽古では、二ヵ条、三ヵ条と技を決めて稽古をしますが、ときには相手に好きな攻撃をさせて、そのときどきに応じた技で相手を制する稽古を行います。これを自由技と呼んでいます。

この自由技、なかなか難しいものです。技が決まっていれば、相手の攻撃方法が予測できるから制しやすいのですが、自由技の場合、どんな手段で相手が攻撃してくるかわかりません。それに対して、効果的な対処法を瞬時に選択しなければならないのです。今でこそ、水が流れるように動けますが、最初のうちは当然まごつきました。そのとき父からもらったアドバイスが「落ち着け」だったのです。

なぜ、落ち着かなければならないのか。最初のうちは訳もわからず、「そうか、落ち着くのか」と思っていましたが、稽古を積むに従い、二つの意味があることがわかりました。

まず一つ。相手は「こいつをやっつけてやろう」と思い、動いてきます。当然、意識は攻撃にのみ集中しています。しかし、意識が自分に向かっている分、身体のどこかは必ずお留守になっています。もし、頭に血がのぼっているとすれば、足下がそれです。そこを攻撃してやれば、簡単に制することができます。だからこそ、落ち着くことが大切なのです。こちらも興奮していては、相手の弱点は見えません。

二つ目。相手の攻撃に対して、自分も気持ちを高ぶらせると、相手を制しようとする意識だけが先走り、スムーズに技が出ないのです。それでは植芝盛平先生が常々、父に語っていたように、「合気道は一瞬にして勝負を決するもの」とはなりません。実戦の場合、ワンテンポの動きの遅れが勝敗に直結します。しかし、落ち着いていれば、瞬時に迷うことなく、最も効果的な技を選択し、相手にかけることができます。

こちらが落ち着いていれば、「倒そう」と気負っている相手ほど制しやすいものです。身体の力も意識も一点に集中しているので、あとは隙だらけ。円運動で力を流して技をかければ、意外なほど簡単に抑え込むことができます。

父はよく、「相手の攻撃にどんなにスピードや強さがあろうとも、落ち着いてさえいれば確実な対処ができる」といっていました。舞い上がってしまったら、それで終わりなのです。

これは仕事や人間関係にもいえることではないでしょうか。災害に遭遇した際などでも同様です。あわてふためいては、正確な状況判断は不可能です。

「落ち着け」

父の言葉は今も耳に残っています。

表面的行動を見抜け

〈また、同じ技か〉

最初のうち、合気道の稽古は私にとって実に退屈なものでした。

合気道では、決められた技を仕手、受け手を替えて、繰り返し錬磨するのが稽古の大部分をしめています。試合がないので自分の実力を客観的に知ることができません。血気盛んな頃の私には、形だけに終始する稽古は、少々、物足りないものがありました。

あるとき、父に突然、「やめてしまえ」といわれました。続けて、「稽古は自分のためにするものだ。貴重な時間を使っているのに、チンタラ稽古しているのなら時間の無駄だ。家に帰れ」

と叱られました。

帰宅後、バツの悪そうな顔をしている私に向かい、父は諄々と説きました。

「同じ瞬間は二度と戻ってこないように、同じ稽古というのはないのだ。自分の精神状態、力の入れ具合、相手の力、状態。一回一回同じはずがないだろ。だからこそ、一回一回の技を大切にしなければならんのだ。一瞬一瞬に打ち込め。後のことは考えるな。一瞬を捕まえることに全身全霊を込めて稽古をしていれば、技も自然とできてくる」

父の言葉に、私は、自身の到らなさと心得違いを猛省させられました。

それにしても、さすが、合気道の達人と多くの人たちが認めた男です。私はダラダラと稽古していたつもりはありません。しっかりと行っていたつもりです。

それなのに、なぜわかったのか。今、改めて考えてみると、私の動きには魂が入っていなかったのだと思います。技ではなく、手順を行っていただけ。手順だけならロボットにだってできます。精神を込めるからこそ、技なのです。

父の植芝道場時代の稽古は、一つの動きも揺るがせにしないほど、必死のものであったと聞いています。その激しい稽古が、みかけだけの動きか、それとも心の底からの動きかを見破る目を、父に与えたのだと思います。

「一意専心」という言葉があります。「一つのことにだけ心を集中すること」という意味ですが、それは合気道の稽古に限らず、スポーツ、芸術の場合など、すべて同じではないでしょうか。一瞬一瞬の積み重ねが大成へと導くのであり、また、偽物（物事に限らず、人間も）を見破る目を養うのだと思います。

対すれば相和す

合気道の技を完全に身につけるためには、「相手を倒そう」という思いを捨て去らなければなりません。そうでなければ、単なる競い合いに終始してしまいます。

父はよく語っていました。

「植芝盛平先生は、『相手が刀を振りかぶってきても、これを怖れ、対抗しようと思ってはいかん。ああ、我が友来たり、という気持ちが起きなければならん』といっていた。自分を切ろうとしている相手を友人と思うことなど難しいが、『和』とはつまりそういうことなのだ。自分に危害を加えようとしている人間に対して、心からニッコリと微笑むことができれば、相手とて害意はなくなるはずだ。その心を養うのが合気道なのだ」

また、父はこうもいっています。

「他人と最初に接したとき、どれだけ融合できるか。それによってその人間の器が決まる。だが、融合できないからといって嘆く必要もない。人間の器なんてのは伸縮自在だ。金物じゃないんだから、いくらでも大きくなることができる。器の大きな人間になるには、修業しかない。自身にどれだけ困難を強いることができるか。これがすべてだ」

父は、どんな人とでも分け隔てなく接することができました。実際、初対面の人間でも、まるで一〇年来の知己のように振る舞えたものです。おそらく、相手と目を合わせた瞬間、すでに融合していたに違いありません。

とはいえ、融合するといっても、調子を合わせていたわけではありません。

『論語』の「子路篇」の中に、

子曰く、君子は和して同ぜず。小人は同して和せず

という一文があります。君子は他人と和合できるが、付和雷同（自分の考えを持たず、やたらに他人の言説に同意すること）はしない、対して小人は雷同はできるが和合はしない、という意味の言葉ですが、父と他人の交わりは「和合」であったように思います。

合気道を貫く精神は、「対すれば相和す」です。この言葉は、伝説上の人物、鬼一法眼のものとされています。

合気道は「和」合の武道です。形稽古に終始するから「和」なのではなく、試合がないから「和」なのでもありません。日本刀の切れ味を持つ技そのものが「和」によって成り立っています。力の掴みあいをしない、押されれば引き、引かれれば前に出る。相手と一体化することで、相手を最も弱い部分へと導いていき、技をかけて制する。相手に同調しているように見えても、決して自分を失わないのです。

その意味においていえば、合気道は「君子の武道」というにふさわしく、父の他者との和合ぶりも、合気道の稽古を通じて身につけたことは確実といえましょう。

相手と一つになれ

「顔を洗って出直してこい」

あるとき、父に思い切り怒鳴られたことがあります。

きょとんとしている私に向かい、父が続けます。

「合気道の心とはなんだ。『和』だ。『対すれば相和す』だ。それなのにお前の技には、全然合気道の心が感じられないじゃあないか。そんなものは合気道の技じゃない。やめろ」

いやはや、こっぴどく叱られたものでした。しかし、合気道を指導させていただくようになってはじめて、父のいわんとしていることが、痛いほどわかるようになりました。

恥ずかしながら、私はきわめて「我《が》」の強い人間です。なるべく自分を抑えようと努めてきてはいますが、それでも他の人から見れば、「強いなあ」と思えることがあるかもしれません。努力はしているつもりなのですが……。

ですから、合気道の技がひと通りできるようになった頃には、相手をなんとか崩そうとしてやっきになって技をかけていました。ところが面白いことに、自分がムキになればなるほど、相手もムキになるのです。自分が相手を崩そうと必死になれば、相手もまた崩されまいと必死になるのです。結果、力と力のぶつかりあいになってしまい、合気道の技の正しい形が崩れるのです。当然、きちんとした技の錬磨とはなりません。

お題目として「対すれば相和す」といっていてもはじまらないのです。「和」を心とするならば、動きにもその心が表れなければなりません。どんなに技がうまくとも、「和」の心が伴わなければ単なる力技に過ぎません。また、言葉で理屈を唱えたとしても、体現できていなければ口先武道家になってしまいます。武道には「心身一体」という言葉がありますが、それが私にはなかったのです。

では、「和」を体現するにはどうするか。かなり後まで私は悩みました。悩み悩み、禅寺で修業をしたこともあります。結果、一つの結論を得ました。

——相手と一体になる。

私が気づいたことではありません。禅寺の和尚が「修業とは〝無〟になることじゃ」というので、「無になるとはどういうことですか」と質問したところ、「一体になることである」と教えてくれたのです。

「男と女を考えてみい。二つに分かれてしまうから、やれ男はこうだ、女はこうだと我を通したくなる。じゃが、相手を自分として考えれば揉めることはない。相手にとって嫌なことは、自分にとっても嫌なものじゃ。そこを見据え、互いに人間同士として尊重しあえば何を揉めることがあろう。他人はもとより、動物、自然、すべて同じ。己と一つと思えば、愛しむ心も生まれてこようというものじゃ」

私はこの言葉を聞いたとき、『論語』の一節を思い出していました。

「己の欲せざるところ、人に施すこと勿れ」

（自分がされたくないことは、他人にもしないように心がけなければならない）

私には「相手に技をかけよう」という気持ちが強すぎました。こちらに少しでも攻撃心があれば相手は警戒し、身を固めます。相手とて痛めつけられたくはありませんから、きわめて自然な反応でしょう。私とて同じです。私は自分にしてほしくないことを、相手にしていた。結果、自分と相手の二つに分かれてしまったのです。

以後、相手と一体になることを考えて稽古をしていたら、私の変化に気がついたのでしょう。家にいるとき父が話してくれました。

「己を〝無〟にして相手と一つになる。一体になってはじめて合気道の技は成り立つ。我と相手、敵と味方など無関係なのだ。私が植芝先生から習った技もそうだった。相手が動くままにあわせ、自分の技が入る。これだから相手を制することができるのだ。社会とて同じだ。相手の心を思いやって、相手が今、世の中が今、何をしてほしいのかを感じとる。そして、動きに逆らわないよう良い方向へと導いていく。そこまで還元されて、合気道は初めて、武道としての市民権を得ることができるのだ」

父の理想を少しでも実現させるための奮闘が、今も続いています。

呼吸力を養え

呼吸は自然の営みであり、呼吸が止まれば生物は土に帰ります。

呼吸は決して一定ではありません。感情が高ぶれば呼吸の間隔は短くなりますし、気分が沈むと、呼吸は弱くなります。また、死の直前には、それまで規則正しく行われていた呼吸に乱れが生じます。

逆に落ち着いているときや、静かに瞑想にふけっているときは呼吸は安定しています。呼吸の安定は心の安定につながります。心と身体は直結しているからです。

思うに、武道の達人になればなるほど、演武・試合中の呼吸の乱れが少ないようです。父などはニコニコしながら演武をしていました。相手は？　といえば、必死の形相。師匠を本当にぶちのめそうと思ってかかってきます。ふつうならば、これに対抗しようとして顔つきも怖くなるものですが、微笑みが満面に浮かんでいる。それが、心からの笑いであることは、呼吸がまったく乱れていないことからもわかります。もし、心中に怖れや対抗心があれば、呼吸もうわずって当然です。ところが、父にはそれがない。

「なぜ、呼吸に変化がないのか。特別な呼吸の仕方でもあるのか」

ある日、父に聞いたことがあります。父はしばし考え込み、

「とくに何もない。強いて挙げるとすれば、相手の手や身体を痛めないように技をかけようといつも考えている。もし、痛めでもしたら可哀想だからな。だから、相手の気持ちが早く読めるのだろう。相手の来方がわかってしまえば、落ち着いて対処できる。呼吸が上がらないのはそのためだろう」

と答えたものです。

父はふだんから「呼吸力」の大切さを説いていました。呼吸力とは、呼吸によって得られる力とでも申しましょうか。筋肉の力とは全く別の次元の力で、人間が本来もっている、全身から生まれる、最大限の自在な力のことです。呼吸には三つの段階があります。吸う、止める、吐く。

合気道では呼吸が止まる瞬間の力を利用して、技をかけます。呼吸を止めたときと技の極《き》めが一致すると、信じられないほどの大きな力を発揮することができます。それには呼吸が、規則正しく行われな

ければなりません。呼吸を正しく行うためには、心の安定が必要なのです。逆にいえば、呼吸を正しく行うことができれば、心の安定がもたらされ、大きな力が出るといえましょう。

「感情が高ぶりそうになったときは、一にも二にも呼吸の安定を図ること」

カッときたり、恐れが生じたら、何はともあれ深呼吸。心が安定していれば、冷静な判断を下すのはたやすいことです。

この呼吸力の根本にあるのが「中心力」です。それは体の中心線――つまり、頭、膝、腰、足の爪先を結ぶ軸――を、どんな姿勢のときでもまっすぐに保つ力のことです。

これは簡単にできることではなく、合気道の基本とは、じつはこの中心線の維持、いいかえれば重心の安定であることを、父は折りにふれて語っていたものです。

集中力をどう養うか

「小能《よ》く大を制す」

小柄な人間が大きな人間を、女性や子どもが強い男を瞬時のうちに制する。武道の最も理想とするところでしょう。しかし、それははたして可能なことでしょうか。

可能です。父がよい例です。父は身長一五四センチ、体重四五キロと小柄でした。この小男が屈強な若者たちを手玉に取ってしまうのです。

「小能く大を制す」が可能な理由としては、剃刀《かみそり》と錆びた出刃包丁を考えてもらえばいいでしょう。小さくて軽い剃刀は、ほんの少し力を入れただけで切れるのに対し、錆びた出刃包丁はかなりの力を入れなければ役に立ちません。理由は切れ味の違いにありますが、もう少し突き詰めていえば、刃の面積の差です。ふつうの棒で相手を突くのと、先端を尖らせた棒で相手を突くのとでは、ダメージに格段の違いがあるのと同じこと。同じ力でも道具の接触部分の面積が広いか狭いかで、威力には格段の差が出るのです。

合気道の技に換言するならば、全身の力を一ヵ所に集中する、とでもいいましょうか。非力な人が頑丈な人の上半身を極めようとしても無理ですが、手首の一点のみに全身の力を集中させれば、制することは可能です。これを肉体的集中力といいます。

この肉体的集中力に、精神的な集中力が加わる。手首を極めようと思ったら、そこに思いを集中させるのです。肉体と精神の力を集中させることを、合気道では集中力と呼んでいますが、これは呼吸を止めた瞬間になされます。

相手が掴んで押してきた。自分は息を吸いつつ相手を誘導していき、呼吸を止めた瞬間、肉体と精神の力を一ヵ所に集中させ極めるのです。呼吸力をより突きつめたものが、集中力といってもいいのかもしれません。集中力が極《きわ》まれば、どんな相手とて制することが可能です。

父はよく

「集中力を生み出すコツは、足の親指にある」

といい、大切な足の親指を常に鍛えることを勧めていました。

父はふだん歩くときも、親指に重心のかかった、独特の前傾姿勢だったため、内弟子の人たちは、集中力を養おうとして、みな同様の歩き方をしていたものです。

私は、集中力についての話を父から聞いたとき、織田信長の桶狭間の戦いを思い出しました。この戦《いくさ》では信長軍は約二千。対する今川軍は約二万五千。信長軍の劣勢は明らかでしたが、信長は、敵本隊が布陣する桶狭間に全兵力を集中することで勝利しています。

「全体的に劣勢でも、決戦の場で勝てば勝ちなのだ」

と、心の中で思ったことを今でも覚えています。

社会生活でも同じではないでしょうか。偏差値が足りなくとも、入学試験での成績が良ければ望みの学校に入れるのです。

企業とて同じ。資本金、労働力、設備、技術など、全体では大企業にかなわなくとも、従来にない新商品を開発する、あるいはサービスを徹底強化するなど、何か一つ優れた点を持てば、大企業と互角以上の勝負をすることが可能なのです。とくに高級レストランでなくても、「餃子がうまい」と評判になれば、お店の前に行列ができるのと同じです。

個人に還元すれば、自身の長所を発見し、そこに全精力を集中して磨きをかけるとでもいいましょうか。合気道の稽古は、無言のうちにそのことを教えてくれているように思います。

考え方次第でピンチもチャンスになる

「なんのために合気道をやるのか」

父に質問されたことがあります。私がまだ高校生のとき。心の中で「親父がやれというからやっているのだ」と答えましたが、さすがに口に出せません。

父は私の心中を気にとめた様子もなく続けます。

「合気道とは『気力の養成』である。ピンチと思えるときでも、気力さえあれば、なんとか危機を克服できるものだ。反対に気力が不足していると、たいしたことのない問題でも致命的になりうる。気力、つまり強い心を養うために、厳しい修業を己に課すのが合気道だ」

といいました。

今の歳になって、父のいわんとしたことがわかりかけてきました。

人間、心次第です。私も経験がありますが、〝駄目だ〟と思ってしまうと、本当に駄目になるのです。たとえば試験のとき、どんなに勉強をしていても、〝ああ、駄目だ、できない〟と思っていると駄目になりますし、女の子との付き合いでも、〝ふられるな〟と思っていると本当にふられてしまうのです。

競技スポーツをやったことがある人ならば、精神状態がいかに勝負を左右するかはよくおわかりでしょう。だからこそ、強い心、どんなことにも動じない心が必要になるのです。

合気道の技でも同じです。危急に際して良い技ができるか、それは、人によってまちまちでしょう。恐怖心で身体が硬直してしまうかもしれません。逆に頭に血が上り、我を忘れることも考えられます。そうならないためにはどうするか。強く、何事にも動じない心が大切になります。心が強ければ、冷静に、しかも躊躇なく行動することができます。決定的瞬間にいかに動けるか。人間の分かれ目は、そこにあるのではないでしょうか。

考え方も似たようなものです。ピンチとチャンスは同じ形をしているものです。ボクシングでコーナーに追いつめられるのはピンチですが、同時に相手の動きも限定されます。一発逆転を狙うボクサーにはチャンスでしょう。ある商品の売れ行きが落ち込んできた。なるほど危機です。しかし、不利益な商品を切り捨てることで、新しい商品の開発に着手することもできるのです。

また、自身がピンチになったとき、相手の心は〝チャンスだ〟と動揺していますから、相手の心の動きをいちはやく察することは、さして難しいことではありません。そして、自分が有利な態勢に導いていけば、制することは可能です。相手がかさにかかって押してきたところを、円運動で流して投げるようなものです。

思うに人間は、考え方で三タイプに分かれるものと思います。「なるようにする」「なるようになる」「なるようにしかならない」。強い心とは「なるようにする」心です。

相手に先に仕掛けないことから、合気道は一見、受け身の武道に見えますが、相手を導くのですから、主体は自分です。「なるようにしている」武道です。合気道の修練は、強い心を育てるものでもあります。こう考えていくと、合気道とは実に奥の深い武道といえるのではないでしょうか。

塩田剛三年譜

大正4年	（1915）	9月9日、東京市四谷区六番町（現在の新宿区大京町）に小児科医師塩田清一の次男・剛（たけし）として生まれる。
大正11年	（1922）	四谷第六小学校入学
昭和2年	（1927）	府立六中（現在の新宿高校）に入学
昭和7年	（1932）	5月23日、皇武館（現・合気会）の植芝盛平の門に入る。
昭和8年	（1933）	拓殖大学予科に入学
昭和16年	（1941）	拓殖大学卒業し、5月、畑俊六陸軍大将の秘書官として中国へ渡る。
		7月、軍務で台湾へ
		8月、台北市の南方協会に勤務
		11月、台湾拓殖に入社
		12月31日、坂口信子と結婚
昭和17年	（1942）	11月、ガンビルやマングローブ栽培開発のため単身ボルネオのポンチャナクに派遣される。
昭和19年	（1944）	1月、マカッサルへ転勤。翌年、同地で終戦を迎える。

昭和21年（1946）　5月、日本へ帰国し家族と再会
昭和25年（1950）　7月、茨城県岩間に移り、植芝盛平の下で合気道修業に励む。
　　　　　　　　　8月、日本鋼管の嘱託となり、合気道の指導にあたる。この頃より「剛三（ごうぞう）」と名乗る。
昭和26年（1951）　9月23日、植芝開祖より合気道九段を允可される。
昭和30年（1955）　6月10日、合気道養神館を創立（新宿区筑土八幡）。「養神館」の名前の由来は、本文14頁参照
昭和34年（1959）　11月2日、警視庁柔剣道師範合気道講習
昭和35年（1960）　4月、警視庁機動隊巡回訓練開始
　　　　　　　　　警視庁柔剣道助教合気道講習（6カ月）
昭和37年（1962）　2月6日、警視庁、警ら課演武会
　　　　　　　　　2月10日、ロバート・ケネディ司法長官夫妻御来館
昭和40年（1965）　9月18日、常陸宮殿下御来館
　　　　　　　　　9月29日、英国アレクサンドラ王女御来館
昭和44年（1969）　4月26日、植芝盛平開祖入神
　　　　　　　　　『合気道の楽しみ方』刊行（西東社）

昭和47年（1972）　5月13日、警視庁婦人警察官に正式科目として合気道編入
昭和57年（1982）　11月15日、日本武道顕彰保存協会顕彰賞詞受賞
昭和60年（1985）　9月8日、国際武道院東久邇稔彦総裁より合気道十段を授与
　12月5日、自叙伝『合気道人生』刊行（竹内書店新社）
昭和62年（1987）　5月14日、浩宮徳仁殿下御来館
昭和63年（1988）　国際武道院より名人位を授与
平成元年（1989）　4月29日、養神館本部を新宿道場に移転、小金井道場閉館
平成2年（1990）　2月7日、マイク・タイソン氏（世界ヘビー級チャンピオン）御来館
平成3年（1991）　5月31日、『合気道修業』刊行（竹内書店新社）。
平成6年（1994）　7月17日、塩田剛三昇天

著者：塩田 剛三（しおだ　ごうぞう）（1915 − 1994）
東京・四谷に生まれる.
1951 年，植芝盛平合気道開祖より合気道九段の允可を受ける.
1955 年，合気道養神館を創立.
1956 年，警視庁機動隊合気道専修生制度を発足.
国際武道院より，1983 年範士号，1985 年十段，1988 年名人位を授受.
（詳しくは、本書「塩田剛三年譜」参照）

著者：塩田 泰久（しおだ　やすひさ）
1952 年，東京に生まれる.
合気道養神館にて父・剛三のもとで合気道の修行.
1981 年より 3 年間，イギリスに在住し，海外における合気道普及の基盤をつくる.
2007 年、合気道養神館館長・宗家に就任.
2014 年、塩田国際合気道連盟（SIAF）を創立.
現在，剛三の後継者として合気道の指導・普及活動を行っている.

塩田剛三の世界

2011 年 3 月 25 日　第 1 刷発行
2021 年 4 月 8 日　第 4 刷発行

発行所：㈱ 海 鳴 社　http://www.kaimeisha.com/
〒 101-0065　東京都千代田区西神田２－４－６
E メール：kaimei@d8.dion.ne.jp
Tel.：03-3262-1967　Fax：03-3234-3643

発 行 人：辻 信行
組　　版：海 鳴 社
印刷・製本：シ ナ ノ

出版社コード：1097

ISBN 978-4-87525-277-1